W0226120

HEILBRONN

INSIDER-TIPP
Deine Abkürzung ins Erleben!

Reisen mit MARCO POLO Insider-Tipps

MARCO POLO TOP-HIGHLIGHTS

EXPERIMENTA ★1
275 interaktive Exponate, eine Sternwarte und der spektakuläre Science Dome helfen dir dabei, den Wundern der Natur auf die Schliche zu kommen.

➤ S. 36

KILIANSKIRCHE ★2
Das bedeutendste Bauwerk Heilbronns. Mit halbwegs guter Kondition kannst du den spektakulär gestalteten Kiliansturm besteigen.

➤ S. 30

HISTORISCHES RATHAUS ★3
Das erste Haus der Stadt mit prachtvoller astronomischer Uhr. In der Ehrenhalle zeigen historische Stadtansichten das extreme Ausmaß der Zerstörung im Zweiten Weltkrieg.

Tipp: Achte darauf, genau mittig vor dem Gebäude zu stehen, um ein symmetrisches Bild zu erhalten. Mit dem Weitwinkel bekommst du mehr aufs Foto.

➤ S. 28

BUGA-GELÄNDE ★4
Stadtbildprägendes Erbe der Bundesgartenschau 2019: ein tolles Gelände mit künstlichen Seen, Kletterturm, Spielplätzen u. v. m.

Tipp: Der beste Moment, um Pflanzen zu fotografieren, ist, wenn ein Insekt darauf landet. Für Profis: Makro-Objektiv nicht vergessen!

➤ S. 40

DEUTSCHHOF ★5
Beeindruckende Hofanlage des Deutschen Ordens mittelalterlichen Ursprungs.

➤ S. 34

WARTBERG ★6
Auf dem Heilbronner Hausberg wanderst du zwischen Weinbergen und guckst vom Wartbergturm auf die Stadt.

Tipp: Für ein Foto aus der Vogelperspektive lohnt sich die Panoramafunktion deiner Kamera.

➤ S. 51

NECKARMEILE 7

Auf 700 Metern finden sich 20 gastronomische Betriebe, Shops und zwei Hotels.

Tipp: Die „Heilbronner Fotospots" zeigen dir die schönsten Perspektiven am Neckar. Fotos teilen unter #heilbronnerfoto spots!

➤ S. 58

KAFFEE- UND TEEHAUS HAGEN 8

Nicht nur in Wien gibt es gute Kaffeehäuser! Das traditionsreiche Kaffeehaus Hagen ist ganz nebenbei eine der stilvollsten und bekanntesten Frühstücksadressen Heilbronns.

➤ S. 58

DEUTSCHES ZWEIRAD- UND NSU-MUSEUM 9

Heiße Öfen und irrwitzige Fahrradkonstruktionen gibt's im angrenzenden Neckarsulm zu bewundern. Das spannende Technikmuseum ist nicht nur für passionierte Bikerinnen und Biker interessant!

➤ S. 103

TENNO SUSHI LOUNGE 10

„Vom Eishockeyprofi zum Sushikoch", so liest sich der Lebenslauf von Thomas Gödtel. Im renommierten Insel-Hotel schwingt der Ex-Kufenkönig heute kaiserlich die Sushi-Messer.

Tipp: No flash! Mit möglichst viel natürlichem Licht wird dein Essen instatauglich. Bei unnatürlich wirkenden Farben durch Kunstlicht hilft der Weißabgleich.

➤ S. 67

INHALT

⏱	Besuch planen	☂	Bei Regen
€–€€€	Preiskategorien	🐷	Low-Budget
(*)	Kostenpflichtige Telefonnummer	👧	Mit Kindern
		⚑	Typisch

(🗺 A2) Herausnehmbare Faltkarte
(0) Außerhalb des Faltkartenausschnitts

DAS BESTE ZUERST

Inside out – die experimenta präsentiert sich abends kunstvoll illuminiert

BEST OF
BEI REGEN

SCHÖN, AUCH WENN ES REGNET

BÜHNE FREI
Das *Heilbronner Theater* bietet auf seinen drei Bühnen Theaterkunst in ihrer ganzen Bandbreite. Schauspiel, Ballett, Musical, hier wird fast alles gegeben, was auf die Bühne passt. Natürlich nicht nur (aber besonders) bei Regen toll!
➤ S. 86

SCHNITZELJAGD
Escape Room meets Augmented Reality – ein Nachmittag im Indoor-Bereich bei *Anomalie Escape* macht jedes Schlechtwetterwölkchen vergessen. Spannendes Rätselraten in drei unterschiedlichen Räumen.
➤ S. 93

MODERNE KUNST...
... gibt's in der *Kunsthalle Vogelmann* (Foto) zu sehen. Wechselnde Ausstellungen zeigen zeitgenössische Malerei und Skulpturen renommierter Künstler. Du hast's nicht so mit moderner Kunst? Hier und heute kann sich das ändern. Trau dich!
➤ S. 43

VOLL ENTSPANNT
Bei Regen kann man auch einfach mal die Füße hochlegen, im Whirlpool relaxen oder die Saunalandschaft genießen. Im *Freizeit- und Solebad Soleo* geht so ein Regentag schneller vorbei, als dir lieb ist. Sportlich Ambitionierte dürfen aber natürlich auch Bahnen schwimmen ...
➤ S. 92

STEIL BERGAUF
Entspannt drinnen klettern kannst du in der Kletterarena des DAV-Alpinzentrums. Im Indoor-Bereich warten spektakuläre 970 m² Kletterfläche auf Einsteiger und Profis. Im Kampf mit der Schwerkraft ist Muskelkater garantiert!
➤ S. 93

BEST OF

LOW-BUDGET

FÜR DEN KLEINEN GELDBEUTEL

GARTENGLÜCK

Obstbau trifft Gartenkunst – wo noch Anfang des 20. Jhs. verwahrloste Jugendliche beschäftigt wurden, spazierst du heute durch den *Botanischen Obstgarten* (Foto).

➤ S. 43

KLASSIK FÜR ALLE

Große musikalische Meisterwerke auf dem Kiliansplatz – genau das Richtige für einen lauen Sommerabend! Bei freiem Eintritt und unter freiem Himmel präsentieren sich Orchester und Musikgruppen beim *Klassik Open Air Heilbronn.*

➤ S. 94

STUDENTENFUTTER

In der *Mensa* auf dem Bildungscampus bekommst du auch als Nicht-Student eine leckere Mahlzeit zum kleinen Preis. Studentisches Flair gibt's kostenlos dazu.

➤ S. 67

IT'S FUN TO STAY AT THE …

Mit den biederen Unterkünften, die du aus Schultagen kennst, hat die *DJH Jugendherberge Heilbronn (📖 E4 | Paula-Fuchs-Allee 3 | Tel. 07131 172961 | heilbronn.jugendherberge.de | S-Bahn/Bus: Neckarturm | Westl. Kernstadt)* wenig gemein. Dieses Haus ist modern, tipptopp ausgestattet und bietet tolle Aussichten von der Dachterrasse. Du wohnst in Premiumlage auf dem Gelände der BUGA 2019 und bist im Handumdrehen in der Stadt.

ZWEITES LEBEN

Kleider, Gürtel, Schuhe, Handtaschen, Accessoires … ausgefallene Einzelstücke aus zweiter Hand erstöberst du in der *Sisteria Second Home Boutique.* Lust auf schicke und schöne Teile zum tragbaren Preis? Dann nichts wie hin!

➤ S. 77

BEST OF

MIT KINDERN

SPANNENDES FÜR GROSS & KLEIN

EXPERIMENTA

An Heilbronns Sehenswürdigkeit Nummer 1 kommt keiner vorbei! Auf rund 25 000 m² erleben kleine und große Forscher die Welt der Wissenschaften hautnah. 275 interaktive Exponate, Science Dome und Sternwarte – ein Tagesausflug zur *experimenta* (Foto) gehört zu den Highlights jeder Heilbronn-Reise!

➤ S. 36

GUTER TRIP

Tripsdrill ist der älteste Freizeitpark Deutschlands und auch einer der schönsten! Rund 100 rasante und spritzige Attraktionen, die Märchenwelt und das Wildparadies sorgen für leuchtende Kinderaugen und glückliche Eltern.

➤ S. 109

RADELRUTSCH

„Radel ... was?!" Mit ganz viel Spaß und Herz bringt das *Kinder- und Jugendtheater Radelrutsch* selbst kreierte Stücke auf die Bühne. Ob Märchen oder Mitmachtheater, hier wird's garantiert nicht langweilig!

➤ S. 86

... UND PLITSCHPLATSCH

Alle Mann fertig zum Entern! Durch eine Unterwasserwelt gelangen kleine Entdecker im *AQUAtoll Erlebnisbad* in Neckarsulm zur geheimen Welt der Piraten. Begleitet von Licht- und Soundeffekten geht es für größere Kinder rasant durch die Black-Hole-Rutsche und den Wildwasserfluss.

➤ S. 104

ICH GLAUB', ICH STEH' IM WALD

Hoch über der Stadt liegt der *Heilbronner Walderlebnispfad*. An über 20 Stationen erfahrt ihr Spannendes über den Wald und seine Bewohner. Ein wunderbares Highlight ist die Naturkugelbahn!

➤ S. 52

BEST OF

TYPISCH

DAS ERLEBST DU NUR HIER

HEILBRONNER LEIBGERICHT
Für alle, die sich nicht entscheiden können! Fünf schwäbisch-fränkische Leckereien auf einem Teller – von Maultasche bis Schweinefilet. Schlemmerherz, was willst du mehr?
➤ S. 65

OTTO-RETTENMAIER-HAUS/ HAUS DER STADTGESCHICHTE
Wie war das eigentlich damals in Heilbronn? Die Dauerausstellung „Heilbronn historisch!" nimmt dich mit auf eine wunderbare Zeitreise durch die spannende Geschichte der Stadt. Tolles Museum mit wechselnden Sonderausstellungen und vielen Angeboten für Kinder.
➤ S. 35

ALTES THEATER
Dieses Theater (Foto) hat schon viel gesehen, seine Ursprünge reichen ins 17. Jh. zurück. In den 1920–1930er-Jahren gaben sich hier viele internationale Varieté-Stars die Klinke in die Hand. Heute funkelt der dimmbare Sternenhimmel für besondere Theaterproduktionen, Live-Musik und Comedy.
➤ S. 86

STÖRZBACH BESEN
„Besen, Besen! Seid's gewesen!" schrieb Goethe im „Zauberlehrling". Hier ist nichts vorbei und „gewesen" – die moderne Böckinger Besenwirtschaft meistert den Sprung in die Gegenwart mit Bravour und viel Frauenpower.
➤ S. 69

VILLENVIERTEL
Flanieren wie die Heilbronner High Society um 1900? Ein Spaziergang durch das historische Villenviertel macht's möglich!
➤ S. 43, 116

SO TICKT HEIL-BRONN

Gute Laune in Aussichtslage hoch über dem Neckar

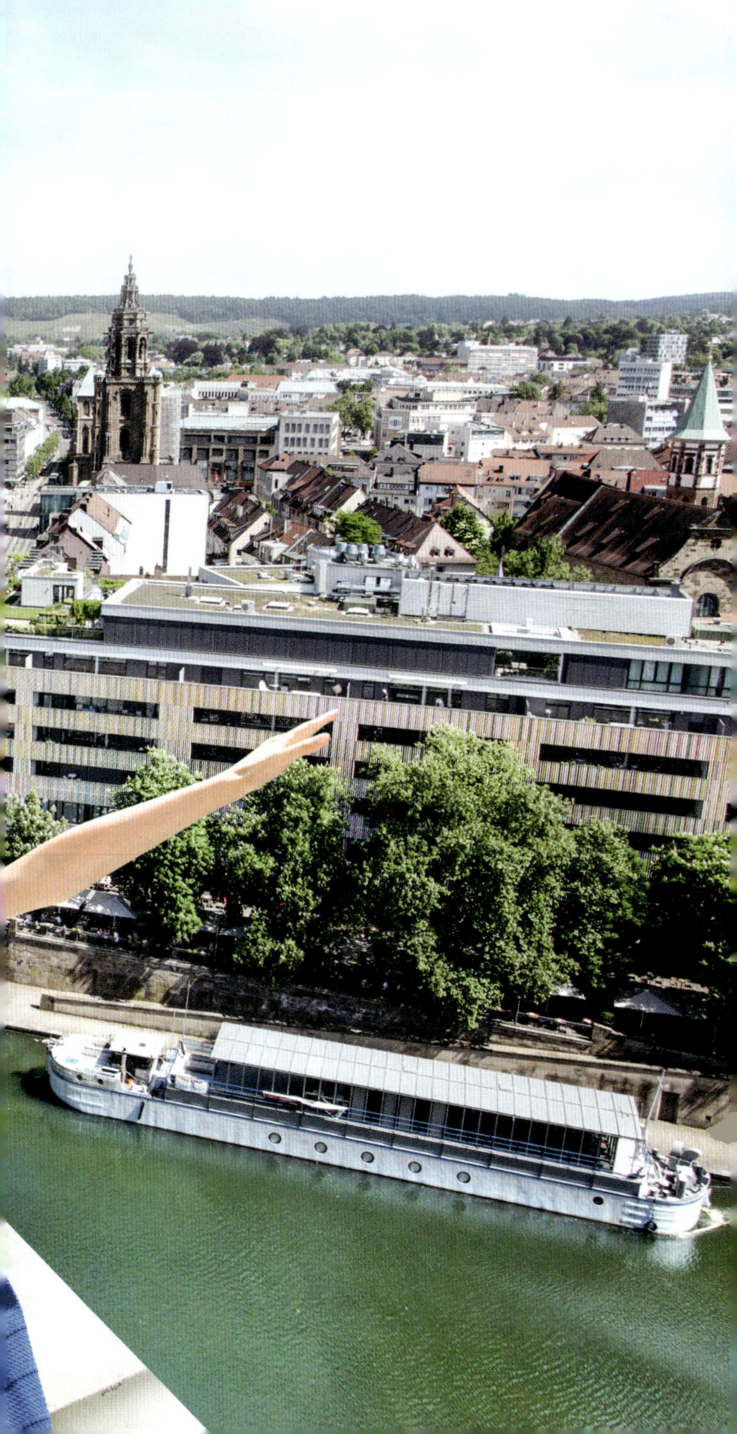

ENTDECKE HEILBRONN

Chill-out-Zone? Neckarstrand!

„Was willst du denn in Heilbronn?!" So oder so ähnlich reagiert manch einer, der von einem bevorstehenden Kurztrip in die Käthchenstadt erfährt. Aber warum eigentlich? Heilbronn hat eine Menge zu bieten: Die experimenta, das ehemalige BUGA-Gelände, die Neckarmeile – hier lässt es sich sehr gut sein, es gibt viel zu erleben und zu entdecken!

LAGE! LAGE! LAGE!

Hinzu kommt die einmalige Lage: Umgeben von Weinbergen und Waldflächen liegt die Stadt in einem sonnenverwöhnten Tal. Der Neckar fließt mitten durchs Zentrum und dort pulsiert in den warmen Monaten das Leben: Kanus, Tretboote, Ausflugsschiffe und ein Lokal neben dem anderen locken Besucher und Einhei-

741 Villa Helibrunna wird erstmals erwähnt

1281 Heilbronn erhält das Stadtrecht

1371 Heilbronn erlangt den Status „Reichsstadt"

1519 Götz von Berlichingen verbringt eine Nacht im Bollwerksturm

1530 Die Reformation kommt nach Heilbronn

1838 Carl Heinrich Theodor Knorr betreibt einen Gemischtwarenladen und wenig

mische an und auf den Fluss. Doch woher kommt dann der zweifelhafte Ruf der Stadt? Um das zu verstehen, lohnt ein Blick in die Geschichtsbücher: Schwer getroffen von alliierten Bombern im Zweiten Weltkrieg, erhob sich die komplett zerstörte Innenstadt in den 1950er-Jahren wie ein Phönix aus der Asche. Der Kraftakt gelang – doch er hatte seinen Preis: Während Städte, die im Krieg nur wenig zerbombt oder ganz verschont geblieben worden waren – das nahe Heidelberg etwa –, von der neuen Reiselust der Deutschen profitierten, war man in Heilbronn damit beschäftigt, die ehemals stolze Reichsstadt wieder bewohnbar zu machen. Hinzu kam das Gefühl, Besuchern von außerhalb wenig bieten zu können. Schließlich waren fast alle historischen Gebäude unwiederbringlich zerstört. Dass man in dieser Zeit aus touristischer Sicht den Anschluss verpasste, ist also kein Wunder. Die aufstrebende Industrie verstärkte das Image einer Stadt, in der viel gearbeitet, aber wenig gelebt wird. Vernachlässigte Quartiere, wie das berühmte Zuwandererviertel „Hawaii" (➤ S. 122), und ein Gesamt-Migrantenanteil von über 50 % brachten Heilbronn den Beinamen „Heilbronx" ein. Doch der Schein trog, denn unter dem Radar wurde die Stadt immer reicher und bunter.

AUF DER SUCHE NACH IDENTITÄT

Dass davon erst einmal keiner erfuhr, hat auch mit einer Heilbronner Besonderheit zu tun: Mit der eigenen Identität tut man sich hier traditionell schwer. Even-

später die größte Fabrik in Heilbronn

1944 Am 4. Dezember wird die Innenstadt bei einem Luftangriff zerstört. 6500 Menschen verlieren ihr Leben.

1970 Heilbronn wird Großstadt

2009 Die experimenta eröffnet

2019 Heilbronn veranstaltet die Bundesgartenschau. 2,3 Mio. Besucher sind mit dabei.

2028 Geplant: Fertigstellung des neuen Stadtteils am Neckarbogen

tuell hängt das damit zusammen, dass man sich in Heilbronn irgendwie immer irgendwo dazwischen befindet. Die Stadt ist weder klein und urig noch ist sie das, was man als „richtige" Großstadt bezeichnen würde. Sie hat einiges an Geschichte, aber keine historische Altstadt mehr anzubieten. Geografisch liegt sie an der Autobahn zwischen der Metropole Stuttgart und der extrem vielseitigen Region Rhein-Neckar. Und ist man als Heilbronner nun eigentlich Schwabe oder Franke? „Eher Schwabe" lautet die gängige Antwort.

Lautes Selbstbewusstsein ist nicht gerade das, was die Schwaben auszeichnet, und so bediente man sich in Heilbronn jahrhundertelang Vergleichen mit vermeintlich erfolgreicheren Städten: Während der rasanten Industrialisierung im 19. Jahrhundert galt die Stadt als das „Schwäbische Liverpool". Als in den 1960er- und 1970er-Jahren moderne Neubauten aus dem Boden schossen, freute man sich über „Hochhäuser wie in New York". In den letzten Jahrzehnten definierte sich Heilbronn vor allem durch die stetig wachsende Wirtschaftskraft. Großunternehmen wie die Schwarz-Gruppe (Lidl/Kaufland) sowie Audi am Standort Neckarsulm sind heute die Motoren, die die Region antreiben. So positiv das alles zu bewerten ist, eines sticht nach wie vor ins Auge: Selten war Heilbronn einfach „Heilbronn" – mit all der Weinkultur, dem Leben am Neckar, riesigen Parks, tollen Ausflugszielen und dem angenehmen Weinbauklima. Kein Wunder also, dass auch viele Heilbronner erst nach und nach erkennen, in was für einer lebenswerten Stadt sie wohnen.

WISSENSCHAFT UND BLÜMCHENSCHAU

Ein großer Coup gelang Heilbronn im Jahr 2009 mit der Eröffnung der *experimenta*. Nach der Fertigstellung des spektakulären Erweiterungsbaus 2019 punktet Deutschlands größtes Science Center mit 275 interaktiven Exponaten, einer eigenen Sternwarte und dem multifunktionalen Science Dome. Doch es kam noch besser: Die Ausrichtung der Bundesgartenschau 2019 verschaffte der Stadt ihr ganz eigenes Sommermärchen. Im Zuge der Planungen wurde das Neckarufer komplett umgestaltet, eine Bundesstraße verschwand, ein neuer Stadtteil entstand, die Tourismusbranche ging in die Offensive. Die Mühe zahlte sich aus: 2,3 Millionen Besucher kamen, gefühlt jeder Heilbronner besaß eine Dauerkarte. Teilweise musste das BUGA-Gelände sogar geschlossen werden – zu viele Besucher wollten die abendlichen Wassershows sehen. Neben Touristen von außerhalb brachte die BUGA den Heilbronnern auch endlich das, was ihnen lange gefehlt hatte: Selbstbewusstsein und ein allgemeines Wirgefühl. In der Stadt ist man sich einig: Für Heilbronn war die BUGA 2019 viel mehr als „nur eine Blümchenschau".

Das neue Image Heilbronns ist untrennbar mit einer Unternehmerpersönlichkeit verbunden: Dieter Schwarz. Aus dem kleinen väterlichen Unternehmen hat er eine der größten Supermarktketten der Welt aufgebaut. Seit 20 Jahren engagiert sich der Milliardär, der sein ganzes Leben in der Region verbracht hat, zu-

Wissenschaft mit Showeffekt – experimenta Heilbronn

nehmend auch in der Stadtentwicklung Heilbronns. Unter anderem finanzierte er über seine Stiftung die „experimenta" und sorgt mit dem Auf- und Ausbau des stetig wachsenden *Bildungscampus* dafür, dass die Stadt heute als attraktiver, aufstrebender Hochschulstandort gilt. Schwarz' Engagement ist ein Segen für Heilbronn und die ganze Region. Und – wen wundert's – wieder einmal flüchten sich manche in einen nicht nur positiv klingenden Beinamen: „Dieter-Schwarz-Stadt".

„ALLES WAS, MAN ÜBERSIEHT, IST FRUCHTBAR" ...

... notierte Johann Wolfgang von Goethe 1797 nach seinem Besuch auf dem Heilbronner Wartberg in sein Tagebuch. Man kann ihm nicht widersprechen: Tatsächlich ist das Heilbronner Land außerordentlich grün und fruchtbar. Wandern, Radfahren, Draußensein – das geht hier einfach richtig gut. Hinzu kommt: Du befindest dich im größten Rotweinanbaugebiet Deutschlands! Auf rund 6000 Hektar Weinbaufläche im Stadt- und Landkreis gedeihen hauptsächlich Trollinger, Schwarzriesling, Lemberger und Spätburgunder. In den letzten Jahren schaffen es aber auch weiße Rebsorten immer häufiger in die Weinberge der Region. Probieren kannst du die Heilbronner Tropfen am besten in einer der vielen privat geführten Besenwirtschaften – begleitet von leckeren Maultaschen oder schwäbischem Zwiebelrostbraten.

RASANTE STADTENTWICKLUNG

Die Stadt selbst entwickelt sich in den letzten Jahren so schnell, dass man als Beobachter kaum hinterherkommt. Dazu beigetragen hat auch die neu gestaltete *Neckarmeile* – mit einer Länge von 700 Metern ist sie die größte Gastromeile an einem Flussufer Süddeutschlands. Die hohe Dichte an Restaurants und Bars am Neckarufer sorgt, gemeinsam mit der *Neckarbühne* und dem 2020 eröffneten Weinpavillon, vor allem im Sommer für mediterranes Flair. Sehenswürdigkeiten wie die *Kilianskirche* und das *historische Rathaus*, das *Museum im Deutschhof*, die *Kunsthalle Vogelmann* und viele inhabergeführte Geschäfte in der Innenstadt sorgen dafür, dass sich Besucher und Einheimische wohlfühlen. Zusätzlich befindet sich Heilbronn auf dem besten Wege, eine echte Studentenstadt zu werden. Der Anfang ist gemacht: Circa 10 000 Studierende lernen und arbeiten hier bereits. Davon profitiert nicht nur die Gastronomie, sondern die gesamte Kulturlandschaft der Stadt. Junge Theatergruppen und eine immer reger werdende Start-up-Szene zeugen vom neuen Spirit. Heilbronn ist bunt, Heilbronn ist lebenswert, Heilbronn kann was. Mit jedem begeisterten Touristen steigt das Selbstbewusstsein der Stadt. Und wenn dich das nächste Mal jemand fragt, was zum Teufel du hier eigentlich willst – dann hat er oder sie wahrscheinlich schlichtweg keine Ahnung.

Museum im Deutschhof

AUF EINEN BLICK

126.000
Einwohner,
siebtgrößte Stadt in Ba-Wü

6 MIO.
Liter Wein pro Jahr erzeugt von 120 Familienbetrieben

250.000
Besucher,
in der experimenta pro Jahr

0,44
Stadtbäume pro Einwohner
Stuttgart: 0,16

PRO-KOPF-EINKOMMEN
32.366 Euro p. a. Platz 2 hinter Starnberg (nicht unschuldig: Dieter Schwarz)

0 EURO
für Kindergartenplätze (keine Gebühr ab drei Jahren)

700 KM
Straßennetz unter Tage (Salzabbau)

DIE SCHNELLSTEN HEILBRONNER:
Geparden 1–2 (wohnhaft im Hotel Park Villa)

96.000
verkaufte BUGA-Dauerkarten, fast jeder Heilbronner hatte eine

53 % EINWOHNER
mit Zuwanderungsgeschichte

422 HA GRÜNFLÄCHE,
AUCH VOR DER BUGA WAR SCHON GRÜN DA!

HEILBRONN VERSTEHEN

WO BIN ICH – UND WENN JA, WIE VIELE?

Ist der Heilbronner nun Schwabe oder Franke? Diese Frage wird bis heute heiß diskutiert. Die Unsicherheit hat auch historische Gründe: Bis ins 19. Jh. war das heutige Deutschland ein geografischer Flickenteppich aus Klein- und Mittelstaaten. Urkundlich erwähnt wurde Heilbronn 741 das erste Mal, weil der Hausmeier des fränkischen Königshofs dem Bistum Würzburg 25 Kirchen und ein Kloster schenkte. Mit der Ernennung zur Reichsstadt bildete Heilbronn ab 1371 einen eigenen „Flicken" und genoss für gut über 400 Jahre die mit diesem Status verbundenen Privilegien. Nach der Mediatisierung (der Verknüpfung des Flickenteppichs) 1802 war es damit vorbei, Heilbronn wurde Württembergische Oberamtsstadt. Auch wenn sich die Stadt fortan rasant entwickelte, war das reichsstädtische Ego durchaus angekratzt und als „Württemberger" identifiziert sich nach wie vor kaum ein Heilbronner.

Explizit danach gefragt, sehen sich die meisten Einheimischen eher als Schwaben und auch die regionale Küche erinnert stark ans Ländle. Nicht von der Hand zu weisen ist, dass auch das Fränkische einen Einfluss auf die Kultur und Mentalität der Heilbronner hat. Der „Haalbrunner Dialekt" kommt als melodisch klingende Verschmelzung südfränkischer und schwäbischer Mundart daher und auch die engere Regionenbezeichnung variiert – gängig sind die Begriffe „Unterland" und „Heilbronn-Franken". Abschließend geklärt ist die Sache also keineswegs – jahrhundertealte Fragezeichen lassen sich nun einmal nicht einfach so ausradieren.

DU HEILIGES KÄTHCHEN

Dass Heilbronn auch als „Käthchenstadt" bezeichnet wird, dürfte dir bei deinem Besuch nur schwer entgehen. Der Beiname bezieht sich auf die gleichnamige Titelperson in Heinrich von Kleists Schauspiel „Das Käthchen von Heilbronn". Mit der Veröffentlichung des Werkes zu Beginn des 19. Jhs. verhalf der Dichter der Stadt zu Weltruhm. Vollkommen unverhofft – denn die Figur der wohlangesehenen Bürgerstochter ist frei erfunden. Ganz real ist dagegen das Marketingpotenzial der Dame: Bereits 1843 bezeichneten gedruckte Reiseführer ein mittelalterlich aussehendes Gebäude am Marktplatz als Käthchenhaus. Als kostümierte Repräsentationsfigur tritt das Käthchen schon seit mindestens 1872 in Erscheinung. Man veranstaltete Festspiele zu seinen Ehren und goss es in Bronze. Seit 1970 werden alle zwei Jahre drei junge Frauen zum „Käthchen von Heilbronn" gewählt. Dass es die Lokalheilige nie gegeben hat, ist mittlerweile fast vergessen.

DIETER SCHWARZ FÜR HEILBRONN

Wie reich sind die Heilbronner wirklich? Der Blick in offizielle Einkom-

Kleists berühmtes Käthchen in Bronze

mensstatistiken überrascht so manchen Zeitgenossen, denn dort ringt Heilbronn seit Jahren mit dem bayerischen Starnberg um Platz 1. Sicherlich tragen Großunternehmen wie Audi, Knorr und die Schwarz-Gruppe (Lidl und Kaufland), die qualifizierte Mitarbeiter anziehen, ihren Teil zur guten Finanzlage der Heilbronner bei. Klar ist aber auch: Dieter Schwarz (➤ S. 16) verzerrt als reichste deutsche Einzelperson die Statistik! Bei nur rund 126 000 Einwohnern macht dessen Kontostand von geschätzt 21 Milliarden Euro nämlich durchaus einen Unterschied. Die Heilbronner nehmen die ungleiche Einkommensverteilung gelassen – schließlich engagiert sich die Dieter-Schwarz-Stiftung an allen Ecken und Enden und pumpt ordentlich Zaster in die Stadtentwicklung. Eine Win-win-Situation für alle Beteiligten!

BLOSS NICHT AUSSTERBEN

Der Besuch einer Besenwirtschaft gehört zu den Dingen, die man hier unbedingt erlebt haben sollte. Nirgendwo geht es so gesellig und zünftig zu wie in den Gasträumen der Winzer, nirgendwo kommst du so leicht mit Einheimischen ins Gespräch wie bei einem gemeinsamen Schoppen – oder zwei, drei ... Doch was hat es mit den

„Besen" (schwäbisch: „Besa") auf sich? Wer in Deutschland Gäste bewirten möchte und dafür Geld verlangt, braucht eine Gaststättenkonzession. Für Winzer, die den Ausschank in der Regel nur im Nebengeschäft betreiben, gibt es eine Ausnahmeregelung: Der Betrieb eines Gutsausschanks ist auch ohne Konzession möglich. Die Regeln dafür sind von Bundesland zu Bundesland verschieden, in Baden-Württemberg gilt: 1. max. 120 Öffnungstage im Jahr, 2. es dürfen nur einfache Speisen angeboten werden, 3. Ausschank nur in Räumen, die zum eigenen Betrieb gehören, 4. max. 40 Sitzplätze. Ausgeschenkt werden ausschließlich der eigene Wein sowie antialkoholische Alternativen, zu essen gibt es meist einfache Brotzeit-Teller, kleine lokale Gerichte und die Highlights aus Omas Kochbuch.

Das Konzept hat Tradition: Bereits im im 9. Jh. n. Chr. soll Karl der Große den Betrieb von „Kranzwirtschaften" erlaubt haben. Dass der Ausschank geöffnet war, erkannte man daran, dass ein Kranz oder ein Strauß an der Tür hing – oder eben ein Besen vor selbiger stand. Heute informieren Besenkalender im Internet über die Öffnungszeiten.

Die schlechte Nachricht: Der klassische Besen ist vom Aussterben bedroht. Immer mehr Winzern sind die Beschränkungen für das Betreiben eines Besens zu eng gefasst, sodass sie direkt eine Gaststättenkonzession beantragen. Um dem entgegenzuwirken, zertifiziert das Weininstitut Württ-

Lädt nicht zum Fliegen, sondern zum Trinken ein

temberg seit 2009 Besenwirtschaften mit dem Qualitätssiegel „Empfohlener Württemberger Besen".

ALOHA HAWAII

Woran denkst du beim Stichwort „Hawaii"? An Cocktailschirmchen, Surfbretter und Hula-Hoop? Davon träumten vielleicht auch die Einwohner von Heilbronns berüchtigtstem Viertel, als sie es nach der Pazifikinsel benannten. Zumindest lautet so eine der Theorien. Woher der Name tatsächlich kommt, weiß keiner so genau. Deutschlandweit bekannt wurde das Hawaii-Viertel in den 1980er-Jahren durch einen Artikel im Magazin Stern, der sich mit den unrühmlichen Seiten des Lebens in den ehemaligen Barackenbauten nördlich der Innenstadt beschäftigte: Drogen, Prostitution, Kriminalität waren hier an der Tagesordnung. Ein abgehängtes Viertel zwischen Bahnstrecke und Industriegebiet. Diese Zeiten sind zum Glück vorbei. Die Wende brachte der „Sanierungsplan Unteres Industriegebiet" in den 1990er-Jahren, eine Fußgängerbrücke über die Bahngleise sorgt seit 2001 für den Anschluss an das Nachbarviertel. Seitdem geht es bergauf. Heute ist „das Hawaii" ein bunter Schmelztiegel aus Menschen unterschiedlichster Kulturen und Nationalitäten, die meist friedlich zusammenleben. In der ehemals berüchtigten Christophstraße residiert sogar eines der bekanntesten Unternehmen der Stadt: das Kaffee- und Teehaus Hagen. Mehr zum Thema gibt's in Cihan Acars Roman „Hawaii" (➤ S. 122) zu lesen.

KLISCHEE KISTE

SEERÄUBER UND SAUREITER

Seine Nachbarn nimmt man gerne auf die Schippe. Die Heilbronner tun dies mit besonderem Ehrgeiz und entwickelten im Laufe der Jahrhunderte spöttische „Utznamen" für die Einwohner jedes Stadtteils. „Kirchhausener Gerschtehewwel", „Biberacher Stegstrecker", „Frankenbacher Blunsabacher", „Klingenberger Krautscheißer", „Horkheimer Dachreiter" – zu jedem Spitznamen gibt es eine Geschichte. Die „Böckinger Seeräuber" galten gemeinhin als nicht besonders gesetzestreue Bürger. Zu ihrem Namen kamen sie, als Einwohner Böckingens Fische aus einem fremden See raubten. In Neckargartach lebten arme und meist hungrige Menschen. Kein Wunder also, dass sich diese eines Tages, als sie eine große Menge Linsen im Neckar schwimmen sahen, erst einmal den Bauch vollschlugen. Dass die Linsen verdorben und deshalb im Neckar gelandet waren, wussten die „Linsafamer" („Linsenfischer") nicht. Als ein Metzger aus Sontheim erfolglos versuchte, ein widerspenstiges Schwein zu schlachten, wurden er und mit ihm alle Sontheimer zu unfreiwilligen „Sontheimer Saureitern". Ob diese Anekdoten wirklich genau so passiert sind? Wer weiß das schon. Unterhaltsam sind sie jedenfalls.

SIGHT SEEING

Klar, Heilbronn ist nicht London, Paris oder Berlin. Das bedeutet aber auch: Sightseeing in Heilbronn ist eine entspannte Angelegenheit und – das vorweg – es gibt richtig viel zu sehen und zu erleben. Manchmal muss man nämlich nur wissen, wo man hinschauen muss.

Als Besucher hast du zwei Möglichkeiten: Entweder, du konzentrierst dich auf die Sehenswürdigkeiten der Kernstadt. Das empfiehlt sich, wenn du nur einen oder zwei Tage hast. Mit den historischen Gebäuden in der Innenstadt, dem ehemaligen BUGA-Gelände und der ex-

Kunst auf der Inselspitze: Goldener Hase angelt am Theaterschiff

perimenta hast du dann schon einiges gesehen. Mit etwas mehr Zeit und Muße zeigt sich dir die wahre Seele Heilbronns: Du entdeckst sie beim Blick vom Wartberg auf die Stadt, hinter den Fassaden prächtiger Villen der Gründerzeit, beim Wandeln durch renaturierte Kiesgruben oder auf den Spuren des Deutschen Ordens. Lass dich überraschen von einer Stadt, die spannend von ihrer wechselvollen Geschichte erzählt, von einer Stadt, die in den letzten Jahren ihren Fluss als Freizeitparadies wiederentdeckt hat, von einer Stadt der Innovation und der Wissenschaft. Lass dich überraschen von Heilbronn!

DIE STADTVIERTEL IM ÜBERBLICK

MARCO POLO HIGHLIGHTS

★ **KILIANSKIRCHE**
Vom Turm des beeindruckenden Sakralbaus kannst du eine wunderbare Aussicht genießen ➤ S. 30

★ **HISTORISCHES RATHAUS**
Nach dem Wiederaufbau in den 1950er-Jahren prächtige Renaissance in mehrfacher Hinsicht ➤ S. 28

★ **DEUTSCHHOF**
Ausgezeichnetes Stadtmuseum in historischem Ambiente aus dem 13. Jh. ➤ S. 34

★ **EXPERIMENTA**
Erlebnis! Museum! Wissenschaft zum Anfassen in architektonisch attraktiver Hülle ➤ S. 36

★ **BOTANISCHER OBSTGARTEN**
Zwei Hektar Gartenglück mit Hofladen und Café ➤ S. 43

★ **BUGA-GELÄNDE**
Nachhaltige Stadtentwicklung live erleben auf dem Gelände der Bundesgartenschau 2019 ➤ S. 40

★ **PFÜHLPARK MIT TRAPPENSEE-SCHLÖSSCHEN**
Renaissance und Barock, vereint auf einer Insel im historischen Park. Kurz: Wasserschlossromantik pur ➤ S. 44

★ **WERTWIESENPARK**
Grill und chill am Neckarufer – und eine gigantische Staudenwoge mit über 13 000 Pflanzen ➤ S. 51

★ **WARTBERG**
Hausberg? Weinberg? Wartberg! Top of Heilbronn mit klasse Panorama, zudem kunstvoll illuminiert ➤ S. 51

★ **VILLENVIERTEL**
Architektur macht Geschichte – das wunderschöne Gründerzeitviertel nimmt dich mit auf Gedankenreise, was hätte sein können … ➤ S. 43

WESTLICHE KERNSTADT

Die Innenstadt Heilbronns, wo heute buntes, urbanes Leben brodelt, blickt auf eine wechselvolle Geschichte zurück: Die Zerstörungen des Zweiten Weltkriegs, insbesondere das Inferno der Bombennacht vom 4. Dezember 1944, prägen die Stadt bis heute.

Doch die Heilbronner ließen sich nicht unterkriegen: Nach dem Krieg baute man auf, was zu retten war, und füllte die Lücken mit modernen Neubauten. Diese 1960er-Jahre-„Schmuckstücke" haben ihre besten Zeiten mittlerweile eindeutig hinter sich und werden nach und nach (und für viele Heilbronner viel zu langsam) ersetzt. In der westlichen Kernstadt treffen heute zwar vergleichsweise wenige, dafür aber sehr sehenswerte historische Bauten auf spannende Projekte zur Stadtentwicklung. Dazu gehören das neu gestaltete Neckarufer und natürlich Heilbronns Besuchermagnet Nr. 1 – die experimenta. Der ganz große Wurf zur Neubelebung der Stadt gelang jedoch mit der Ausrichtung der Bundesgartenschau 2019. Unbeeindruckt von ewigen Nörglern, die unverdrossen die Unansehnlichkeit Heilbronns beschwören, legte die westliche Kernstadt in den letzten Jahren eine rasante Entwicklung hin und bewegt sich heute irgendwo zwischen altem Glanz und neuem Spirit.

WOHIN ZUERST?

Rathaus *(🕮 F5)*: Das prächtige Rathaus ist der perfekte Ausgangsort für eine Erkundungstour durch die Innenstadt. Bequem zu erreichen mit S-Bahn und Bus oder einfach zu Fuß – denn in Heilbronn sind die Wege in der Regel überschaubar. Die Parkhäuser experimenta-Parkhaus, Kiliansplatz und Stadtgalerie sind auch gleich ums Eck. Eine 360°-Drehung sorgt für erste Orientierung: Nicht zu übersehen ist die Kilianskirche, auf der gegenüberliegenden Straßenseite geht es in die Fußgängerzone und auch der Neckar ist nur wenige Meter entfernt. Wie wäre es aber erst einmal mit einem Kaffee auf dem Marktplatz?

1 HISTORISCHES RATHAUS MIT EHRENHALLE ★

Mal ehrlich: Der Heilbronner Gemeinderat könnte sich kein prachtvolleres Domizil wünschen! Das zwischen 1950 und 1953 nach historischem Vorbild wiederaufgebaute Rathaus ist eine Augenweide. Das Gebäude stammt aus dem Jahr 1300 und wurde Ende des 16. Jhs. im Renaissancestil erweitert. Prunkstück der Fassade ist die 1579/80 entstandene Kunstuhr mit astronomischer Uhr und Mondphasenuhr von Isaak Habrecht aus Schaffhausen (der übrigens auch die astronomische Uhr im Straßburger Münster mitgeschaffen hat). Im unteren Teil werden die Tage, Wochen und Monate (Tierkreiszeichen) angezeigt, oben die Mondphasen, in der Mitte

Historisches Rathaus mit astronomischer Uhr

die Uhrzeit. Im Innenhof des Rathauses befindet sich hinter der Rokokofassade des ehemaligen Stadtarchivs die Ehrenhalle. Sie erinnert an die Zerstörung der Stadt am 4. Dezember 1944. Beim Blick auf die Modelle der historischen, zerstörten und wiederaufgebauten Kernstadt verstehst du, warum die Bombardierungen im Zweiten Weltkrieg so einen traumatischen Einschnitt für die Stadt bedeuteten. Die Ehrenhalle kann täglich besichtigt werden. Wenn du auf dem Marktplatz stehst, wirf auch einen Blick auf die Nr. 12. Das barocke Haus Zehender (neben dem Café Liberté) ist das schönste Privatgebäude der Stadt. 1944 wurde es schwer beschädigt – stehen blieb nur die Fassade. 1948 wurde es originalgetreu wiederaufgebaut. *Marktplatz 7 | heilbronn.de | S-Bahn/Bus: Rathaus |* *F5*

INSIDER-TIPP
Eindrückliche Visualisierung

2 ROBERT-MAYER-DENKMAL

Ein Denkmal für den berühmtesten Sohn der Stadt. Julius Robert von Mayer war Arzt und entdeckte 1845 das universelle Gesetz von der Erhaltung der Energie. Dafür hätte ihm eigentlich der Nobelpreis gebührt, so es diesen damals schon gegeben hätte. Leider war der Gute kein Verkaufstalent und so ernteten andere den Ruhm. 1892 schuf der Künstler Wilhelm von Rüman eine Bronzestatue von Robert Mayer. Die Statue wurde mehrfach versetzt und steht seit 1990 auf dem Marktplatz. *Marktplatz | S-Bahn/Bus: Rathaus | F5*

3 KÄTHCHENHAUS

Hat hier das berühmte Käthchen von Heilbronn gewohnt? Leider nein! Heinrich von Kleists Käthchen ist nämlich frei erfunden. Als aber im 19. Jh. immer mehr Touristen in die Stadt kamen, um auf den Spuren der berühmten Bürgerstochter zu wandeln, bemühte man sich, ein passendes Wohnhaus zu finden: Repräsentativ musste es sein und über einen Erker verfügen. Gesucht, gefunden! Das gotische Käthchenhaus am Marktplatz stammt aus dem 14. Jh. Im Unterschied zu den meisten anderen Gebäuden der Stadt wurde es aus massivem Heilbronner Sandstein errichtet und deshalb (bevor es berühmt wurde) schlicht „Steinhaus" genannt. Der Erbauer ist unbekannt – sicher ist, dass es sich um einen „steinreichen" Heilbronner Bürger des 14. Jhs. gehandelt haben muss. Im 16. Jh. wohnte hier der Heilbronner Reformator Johann Lachmann. Der ließ auch den Renaissance-Erker gestalten. Zu sehen sind Brustbilder der Propheten Jesaja, Jeremias, Hosea und Habakuk. *Rathausgasse 5 | heilbronn.de | S-Bahn/Bus: Rathaus | F5*

4 KILIANSKIRCHE ★

Wer oder was ist (ein) „Kilian"? Das fragt sich so mancher Auswärtige angesichts mehrerer Heilbronner Orte, die diesen Namen tragen. Die Antwort: Der heilige Kilian war ein iri-

Komödiantenbrunnen vor der Kilianskirche

scher Wanderbischof und wird zusammen mit seinen beiden Wegbegleitern Kolonat und Totnan als „Frankenapostel" verehrt. In Heilbronn wurde gar das bedeutendste Baukunstwerk der Stadt nach ihm benannt. Die ältesten Teile der Kilianskirche stammen aus dem 13. Jh., ihr origineller achteckiger Turm gilt als erster Turm nördlich der Alpen mit Renaissance-Elementen. INSIDER-TIPP **Fit im Urlaub!** Bist du schwindelfrei? Dann nichts wie hoch! Der Kiliansturm ist 62 m hoch und der freie Blick ins Heilbronner Land lässt dich die schmerzenden Beine schnell wieder vergessen. Den Schlüssel erhältst du im Weltladen gegenüber der Kirche. 1529 wurde der Turm mit dem „Steinernen Mann" gekrönt. Das „Männle", wie die Figur im Volksmund genannt wird, hat schon so einiges mitgemacht: Furchtlose Turner wie Weltmeister Eberhard Gienger nutzten es für Handstände, 2002 wurde ihm von Unbekannten das Schwert abgenommen. Die Figur auf dem Turm ist übrigens eine Replik: Das Original aus dem 16. Jh. steht im Foyer des Heilbronner Rathauses. Im Inneren der Kirche befindet sich der Hochaltar von Hans Seyfer aus dem 15. Jh. Das Spitzenwerk spätgotischer Altarkunst ist leider nicht mehr ganz original: Während die Figuren des Altars die Bombardierung der Stadt 1944 in den Stollen des Salzbergwerks Kochendorf unbeschadet überstanden, verbrannte der Altarbau im Inneren – er wurde nach dem Krieg nachgeschnitzt. *März–Okt. 9.30–18 Uhr, Nov.–Feb. 9.30–17 Uhr | Turmbesteigung: Erwachsene ab 16 J. 2,50 Euro, Kinder 9–15 J. 1,00 Euro, Anmeldung: Weltladen, Kirchbrunnenstr. 32, Tel. 07131 627129 | Kaiserstr. 38 | S-Bahn/Bus: Rathaus |* F5

5 SIEBENRÖHRENBRUNNEN

Woher kommt eigentlich der Name Heilbronn? Ein Brunnen, eine Quelle, in der heutigen Kirchbrunnenstraße gab einst „Helibrunna" seinen Namen. Ob der erste Wortteil jedoch „heilig", „heilend" oder „Erfrischung bietend" bedeutet, ist nicht eindeutig geklärt. Der Siebenröhrenbrunnen wurde im Laufe seiner Geschichte mehrfach versetzt und umgestaltet. Ab 1541 strömte das Quellwasser aus sieben Röhren in die prächtige Brunnenanlage mitten auf der Kirchbrunnenstraße. Mitte des 19. Jhs. versiegte die Quelle zusehends, 1868 musste der Brunnen – mittlerweile ein „Verkehrshindernis" – weichen. Doch das schlechte Gewissen plagte die Heilbronner und so wurde 1904 an der Südseite der Kilianskirche ein neuer Brunnen errichtet. *Kirchbrunnenstr. | S-Bahn/Bus: Rathaus |* F5

6 KÄTHCHENSTATUE

Spieglein, Spieglein, an der Wand, wer ist die Schönste im ganzen Land? Das Käthchen ist es jedenfalls nicht – zumindest, wenn es nach der Meinung vieler Heilbronner geht. Die Statue, die die stolze Bürgerstochter aus Heinrich von Kleists Ritterschauspiel darstellt, musste sich schon so einiges anhören: Hühnerbrust, ein viel zu langer Oberkörper, unmögliche Waden – die Entrüstung der Heil-

bronner nach der Enthüllung der Brunnenstatue im Jahr 1965 kannte praktisch keine Grenzen. Da half auch die Erklärung des verantwortlichen Bildhauers Dieter Läpple wenig, der zufolge das Käthchen dem Schönheitsideal des Mittelalters entspräche. Einige Angriffe und „unglückliche Unfälle" hat das Käthchen seitdem überlebt. Man versuchte, es in den Brunnen zu stoßen, bewarf es mit Eiern, 2020 wurde es von einem Laster angefahren und schwer beschädigt. Wenn das Käthchen also nicht an seinem Platz steht, befindet es sich wahrscheinlich gerade in Reparatur. Trotzdem gehört es nun einmal zu Heilbronn – und wie das mit komi-

schen Verwandten so ist, hat man sich an es gewöhnt. *Kirchbrunnenstr. 11 | S-Bahn/Bus: Rathaus |* *F5*

7 FLEISCHHAUS

Ein Haus für alle Gelegenheiten! Das eindrucksvolle Renaissancegebäude hat eine wechselvolle Geschichte erlebt. Im Obergeschoss des Arkadenbaus vom Ende des 16. Jhs. tagte einst das reichsständische Gericht, an den Wochenenden feierte man Hochzeiten. In der ursprünglich offenen Halle des Erdgeschosses hielten bis zum Ende des 19. Jhs. die Heilbronner Metzger ihren Fleischmarkt ab. Von 1879 bis 2008 diente das Gebäude – unterbrochen von der Zerstörung und dem Wiederaufbau nach dem Zweiten Weltkrieg und einer umfangreichen Renovierung und Modernisierung Ende der 1990er-Jahre – als Museum. Im Erdgeschoss residiert heute das Feinkostgeschäft und Restaurant Pfeffer. Am Treppenturm des Gebäudes erinnern Hochwassermarken an die historischen Hochwasserstände von 1817 und 1824. *Kramstr. 1 | heilbronn.de | S-Bahn/Bus: Rathaus | F5*

8 DEUTSCHHOF ★

Es gibt keine alten Steine in Heilbronn? Gibt es doch! Der Deutschhof ist ein ehemaliger Wirtschaftshof des Deutschen Ordens, dessen Anfänge bis ins 13. Jh. zurückreichen. Mit dem Deutschordensmünster St. Peter und Paul bildete er jahrhundertelang ein eigenes Herrschaftsgebiet mitten in der Reichsstadt. Der romanische Unterbau des Kirchturms stammt von der ehemaligen Marienkapelle des Deutschordens (um 1250) und ist das älteste erhaltene Bauwerk der Stadt. Zu Beginn des 19. Jhs. war es mit dem Klosterleben im Deutschhof aber vorbei: Im Laufe der Koalitionskriege wurde das Quartier säkularisiert und diente zunächst als Kaserne und dann als Sitz staatlicher Behörden. Nach seiner Zerstörung im Zweiten Weltkrieg wurde der Komplex wiederaufgebaut; heute ist er Kulturzentrum und beherbergt u.a. die Städtischen Museen. *Deutschhofstr. 6 | heilbronn.de | S-Bahn/Bus: Rathaus | F5*

9 MUSEUM IM DEUTSCHHOF

Archäologie, Kunstgeschichte und Natur – die Sammlung der Städtischen Museen Heilbronn ist renommiert und sie basiert auf einer langen Tradition: Schon im 17. Jh. wurden wertvolle Bodenfunde geborgen und hier zur Sicherung aufbewahrt. Im historischen Ambiente des Deutschhofs finden wechselnde Ausstellungen und Veranstaltungen statt. In der Archäologischen Sammlung gibt es unter anderem Exponate regionaler steinzeitlicher Kulturen und zahlreiche Objekte aus der römischen Siedlungszeit zu sehen. Es finden regelmäßig Themenführungen statt. Spannende Kinderausstellungen öffnen kleinen Besuchern die Augen für vergangene Zeiten. *Di 10–19, Mi–So 10–17 Uhr | Eintritt frei | Deutschhofstr. 6 | museen.heilbronn.de/museum/ | S-Bahn/Bus: Rathaus | 2½ Std. | F5*

10 OTTO-RETTENMAIER-HAUS/HAUS DER STADTGESCHICHTE

Spoiler: Du wirst dieses Museum lieben! Die Dauerausstellung „Heilbronn historisch!" zeigt interaktiv und mit vielen Exponaten die Entwicklung der Stadt – vom frühen Mittelalter bis in die heutige Zeit. Erfahrene Ausstellungslotsen helfen bei der Orientierung und auch für Kinder wird einiges geboten. Sonderausstellungen zu stadtgeschichtlichen Themen runden das Angebot ab. Prädikat: sehenswert! *Di 10–19, Mi–So 10–17 Uhr | Eintritt frei | Eichgasse 1 | stadtarchiv.heilbronn.de | S-Bahn/Bus: Rathaus | 2½ Std. | F5*

INSIDER-TIPP
Nicht alleine durchs Museum

11 WILHELMSBAU

Um den einflussreichen Unternehmer-Clan Cluss kommt man in Heilbronn nur schwer herum. In der Cäcilienstraße gehörten gleich mehrere Gebäude zum Familienbesitz. Der klassizistische Wilhelmsbau – oder *Clussbau*, wie das Gebäude anfangs genannt wurde – wurde Mitte des 19. Jhs. von Heinrich Cluss erbaut. Der war nicht nur ein ausgezeichneter Weinbauer, sondern auch im Immobilienbusiness zu Hause. Gerüchten zufolge bestand der ursprüngliche Plan darin, in dem neuen Gebäude in der Wilhelmstraße ein Bahnhofshotel einzurichten, da es Planungen für einen Bahnhof im Süden der Stadt gab. Falls dem so war, verspekulierte man sich: Die Bahnlinie, auf die Cluss gehofft

Heilbronn historisch: Der Deutschhof ist das älteste Bauensemble der Stadt

DAS GRÖSSTE SCIENCE CENTER DEUTSCHLANDS

EXPERIMENTA HEILBRONN

Wie fühlt es sich im Auge des Sturms an? Wie sieht dein Körper aus, wenn er sich zu Eis oder Gummi verwandelt? Und landet ein Brot wirklich immer auf der Butterseite?

Mit rund 25 000 m² Fläche ist die ★ *experimenta* das größte Science Center Deutschlands. Fast 10 Jahre lang war die Ausstellung ausschließlich im Lagergebäude Hagenbucher zu sehen. 2019 erfolgte die feierliche Eröffnung des futuristischen Neu- und Erweiterungsbaus auf der Kraneninsel. In den Entdecker- und Erlebniswelten laden rund 275 interaktive Exponate zur Entdeckungsreise ein. Besonderes Highlight: der Science Dome. Von außen eine elegante Kuppel, von innen ein Hightech-Erlebnisraum der Extraklasse: Hier eröffnen sich dir virtuelle Welten ohne visuelle Grenzen. Mitreißend werden wissenschaftliche Phänomene erklärt – mit Wind- und Nebelmaschinen, Wasservorhang, modernster Lasertechnologie sowie einem riesigen bespielbaren Kuppelscreen. Einzigartig ist auch das bewegliche Auditorium: Dreht sich der Zuschauerraum um 180 Grad, findest du dich plötzlich unter einer Sternenkuppel oder vor einer Theaterbühne wieder. Die Sternwarte ermöglicht dir virtuelle Reisen ins Universum. Mit einem Spezialteleskop kannst du die Oberfläche der Sonne ansehen, entdecken, welche Jahreszeit gerade am Marsnordpol herrscht, wie windig es auf dem Jupiter ist und, und, und … Abgerundet werden die Erlebniswelten vom Experimentaltheater für Kinder. Themen aus Wissenschaft und Technik werden dort in eigens entwickelten Showformaten unterhaltsam und anschaulich vermittelt. Der Museumsbereich Forscherwelten richtet sich vor allem an Schulklassen. Aber natürlich können Erwachsene hier ebenfalls viel entdecken – beispielsweise die Geheimnisse der Molekularküche. Apropos Küche: Im Restaurant gibt's Frühstück, warme Speisen, Snacks und Getränke zu sehr moderaten Preisen *(Mo–Fr 7–18, Sa, So, Feiertag 8–19 Uhr)*. *Eintritt: Kombiticket Erwachsene 19 Euro, Kinder 10 Euro, Familien 47 Euro | Parkhaus: Bahnhofstr. 6 | Experimenta-Platz | experimenta.science | S-Bahn/Bus Kurt-Schumacher-Platz Hauptbahnhof | 4–6 Std. | E4–5*

INSIDER-TIPP
Günstig schlemmen

hatte, wurde an einen anderen Ort verlegt. Das schmucke Gebäude beherbergte im Laufe seiner Geschichte schon viele Mieter und wird seit 1901 von der Stadtverwaltung genutzt. *Wilhelmstr. 9 | Bus: Cäcilienstr. Ost | F5*

12 VILLA DER BRAUEREI CLUSS

Jahrzehntelang gehörte die Brauerei Cluss zu den Markenzeichen der Stadt Heilbronn. Auf dem ehemaligen Firmengelände der 1865 gegründeten Brauerei erinnert heute aber nur noch

Immer neue, spannende Abbilder der Welt in der experimenta

die Direktorenvilla an die glorreichen alten Zeiten. Das traditionsreiche Cluss-Bier hält man in Heilbronn übrigens in Ehren: Es wird heute von der Brauerei Dinkelacker als Spezialmarke hergestellt. Dinkelacker übernahm im Jahr 1982 auch die Aktienmehrheit und besiegelte damit das Ende der Traditionsbrauerei. *Cäcilienstr. 3 | Bus: Cäcilienstr. West |* *E5*

13 GÖTZENTURM

Der Götzenturm war der südwestliche Eckpfeiler der einst mächtigen Stadtmauer. Benannt ist er nach dem legendären Reichsritter Götz von Berlichingen – auch wenn der seine Heilbronner Gefängnisnacht nicht hier, sondern im Bollwerksturm verbrachte. Auf dem Dach des Götzenturms balanciert seit 1985 ein scherenschnittartiger Scheibenmensch „über dem Abgrund" – so heißt die Skulptur des Künstlers Hubertus von der Goltz. Auch Besichtigungen sind möglich. Pärchen aufgepasst: Einen Ort für Liebesschlösser bieten die speziell dafür vorgesehenen Gitter an der Götzenturmbrücke. *Mo–Fr 10–18, Sa 10–16 Uhr, Schlüssel zum Turm bei der Tourist-Information | Allerheiligenstr. 1 | heilbronn.de | S-Bahn/Bus: Rathaus |* *E5*

INSIDER-TIPP
Liebe ohne Bolzenschneider

14 INSELSPITZE ★

Ist es ein Haus? Ist es ein U-Boot? Was hat es mit dem knallroten Kasten auf sich? Der Bau auf der Spitze der Hefenweiler-Insel erinnert an eine alte Lochkamera – oder eben an ein viereckiges U-Boot mit riesigem Bullauge. Des Rätsels Lösung: Zur BUGA 2019 errichtete hier der Bildhauer Thomas Schütte sein „One Man House". Ge-

Relaxen am Neckar

plant wurde es ursprünglich als Atelier, Ausstellungs- und Rückzugsort – trotz oder gerade wegen der riesigen Fenster. Privatsphäre? Fehlanzeige. Aber das hat sich der Künstler wohl auch so gedacht. In den Sommermonaten kann es besichtigt werden.
Die Angelhasen-Skulptur am Brückenabgang war (wie die Käthchenstatue) schon Ziel mehrerer tätlicher Angriffe. Die Heilbronner haben schon ein besonderes Verhältnis zu ihren Kunstwerken … *Friedrich-Ebert-Brücke | S-Bahn/Bus: Neckar-Turm | E5*

15 HAFENMARKTTURM

Der Hafenmarktturm erinnert an das ehemalige Franziskanerkloster, das 1688 von abziehenden französischen Truppen niedergebrannt wurde. Mithilfe von Spenden der Bürger baute man zwischen 1698 und 1727 nur den Turm wieder auf; im 19. Jh. diente er mehrere Jahrzehnte als Schrotkugelfabrik. Das Tier auf der Turmspitze ist kein Wetterhahn, sondern ein handgeschmiedeter Phönix – er dient als Symbol für das Wiederaufstehen der Stadt nach den Zerstörungen des Zweiten Weltkriegs. In seinem Inneren beherbergt der Hafenmarktturm ein Gefallenenehrenmal. Zum Zeitpunkt der Luftangriffe am 10. September und 4. Dezember 1944 ertönen täglich um kurz vor 11 und um 19.20 Uhr abwechselnd fünf Volkslieder. Du fragst dich, wo denn nun mitten in der Stadt der Hafen sein soll? Seinen Namen hat der Hafenmarktturm vom Töpfermarkt, der vom Mittelalter bis zum Zweiten Weltkrieg am Fuße des Turms abgehalten wurde – und „Hafen" ist das schwäbische Wort für „Topf". *Der Schlüssel zum Turm kann in der Tourist-Info sowie im Otto-Rettenmaier-Haus entliehen werden. | Sülmerstr. 24–30 | heilbronn.de | S-Bahn/Bus: Rathaus | F5*

16 NIKOLAIKIRCHE

Die gotische Nikolaikirche wurde 1351 erstmals erwähnt. Ab 1525 war sie das erste protestantische Gotteshaus in Heilbronn und diente unter anderem als „Kinderkirche". Später wurde sie zu weltlichen Zwecken genutzt: im 17. Jh. als Zeughaus und unter Napoleon als Militärhospital und Holzmagazin. 1848 diente die Kirche als Turnhalle und Kundgebungssaal. Nach gründlicher Renovierung wurde sie 1851 wieder ihrer eigentlichen Bestimmung zugeführt und nach dem Zweiten Weltkrieg wurde sie wiederaufgebaut. An die Zeit der regelmäßigen Kindergottesdienste erinnert heute noch das Weihnachtsfenster an der Südwand. *Sülmerstr. 72 | nikolaigemeinde-heilbronn.de | S-Bahn: Theater |* *F4*

17 BOLLWERKSTURM

Der Bollwerksturm befestigte die Nordwestecke der einst mächtigen Heilbronner Stadtmauer. Zu seinem Namen kam er, als die Schweden und Franzosen im Dreißigjährigen Krieg den Bereich um den Turm zu einem starken Bollwerk ausbauten. 1519 saß Götz von Berlichingen als Gefangener des Schwäbischen Bundes im Bollwerksturm ein. Dem Reichsritter Franz von Sickingen und dem Landsknechtführer Georg von Frundsberg verdankte er, dass er das Gefängnis nach nur einer Nacht mit „ritterlicher Haft" im Gasthaus zur Krone tauschen durfte. *Mo–Fr 10–18, Sa 10–16 Uhr, Schlüssel zum Turm bei der Tourist-Info | Platz am Bollwerksturm | heilbronn.de | Bus: Soleo |* *F4*

18 WILHELMSKANAL

Eine schlaue Idee hatten die Heilbronner im 14. Jh.: Sie stauten den Neckar und machten ihn damit für Schiffe unpassierbar. In der Folge mussten alle Waren, die mit dem Schiff in der Reichsstadt ankamen, erst einmal umgeladen und für eine bestimmte Zeit gestapelt werden. Die erhobenen Zölle und ein Vorkaufsrecht für Heilbronner Kaufleute sicherten jahrhundertelang den Wohlstand der Stadt. Nach der Eröffnung des Wilhelmskanals im Jahr 1821 konnten erstmals wieder Schiffe Heilbronn passieren. Heute ist der Wilhelmskanal mit den letzten betriebsfähigen handbetriebenen Schleusen des Neckars ein Kulturdenkmal und ein beliebter Anlegeort für Freizeitkapitäne. *S-Bahn/Bus: Neckar-Turm |* *E4–5*

19 SCHIESSHAUS

Willkommen in Heilbronns schönstem Festsaal! Das Schießhaus wurde in der zweiten Hälfte des 18. Jhs. von Johann Christoph Keller, dem Baumeister des Deutschordens, errichtet und überstand den Zweiten Weltkrieg unversehrt. Im pompös verzierten Rokokosaal wurde früher u. a. nach Viehmärkten auf dem benachbarten Hammelwasen gefeiert. Heute steht das Schießhaus mit seinem herrlichen Rosengarten als festliche Location für Konzerte und repräsentative Veranstaltungen, aber auch für gediegene Familienfeiern zur Verfügung. Kleiner Wermutstropfen: Der Rokokosaal ist nur auf Einladung zugänglich! *Frankfurter Str. 65 | heilbronn.de | S-Bahn/Bus: Hauptbahnhof |* *E5*

BUGA-GELÄNDE

40 Hektar für Heilbronn! Die Bundesgartenschau 2019 war das Beste, was der Stadt passieren konnte und viel mehr als „nur eine Blümchenschau" – da sind sich die Heilbronner einig. Wie groß die Begeisterung war, beweist eine Zahl: 96 000 verkaufte Dauerkarten bei rund 125 000 Einwohnern.

Nahe der Innenstadt entstand auf brachliegendem Industriegelände der Hauptteil der BUGA. Der punktete nicht nur mit neu entstandenen Grün- und Freizeitflächen, sondern auch mit seiner Lage direkt am Neckar. Kurze Wege, Fahrräder statt Autos, stadtnah und doch grün: Wo früher die Bundesstraße verlief, entstand (und entsteht) ein komplett neuer Stadtteil mit Modellcharakter. Das Areal ist auch nach Ende der Ausstellung in weiten Teilen für die Öffentlichkeit zugänglich. Besonders beliebt sind der Hafenpark mit seinen Kinderspielplätzen und einem Strandspielplatz am neu entstandenen Karlssee sowie der ebenfalls neu gestaltete Floßhafen. Bei schönem Wetter lässt es sich hier extrem gut aushalten – bei schlechtem Wetter dienen die beiden Seen als Regenwasserspeicher. *S-Bahn/Bus: Hauptbahnhof*

20 CAMPUSPARK

Der Park verbindet das Gelände der Bundesgartenschau mit der Innenstadt. Zu seinem Namen kam er durch die Nähe zum Heilbronner Bildungscampus, der in den vergangenen Jahren rasant gewachsen ist. Viele alte Bäume spenden den in der Mittagspause picknickenden Studenten und Campus-Mitarbeitern Schatten. Dazu gehört auch Heilbronns größte Platane – 165 Jahre alt ist sie. Wenn sie reden könnte, hätte sie sicher einiges zu erzählen! *S-Bahn/Bus: Hauptbahnhof* | E4

21 NECKARUFERPARK

Noch vor wenigen Jahren war das Neckarufer in Heilbronn steil, kaum zugänglich und wenig ansehnlich. Die vorbeiführende Bundesstraße passierten täglich ca. 30 000 Fahrzeuge, das Neckarufer als Freizeitoase schien nur eine Utopie. Doch dann ging alles ganz schnell: Im Rahmen der Planungen zur BUGA 2019 wurde die Straße kurzerhand aus dem Areal radiert; der neu entstandene Park gehörte zum offiziellen Ausstellungsgelände. Heute ist die BUGA eine schöne Erinnerung, aber der Neckaruferpark lebt weiter. Fast einen Kilometer lang führt ein Holzsteg am Neckar entlang. Zwischen Kraneninsel und der Wassertreppe beim historischen Gebäude der ehemaligen Werkstatt der Reederei Schwaben spazierst du durch eine Uferlandschaft mit Staudenbeeten und Schatten spendenden Bäumen. Es gibt sogar einen kleinen Strand! An der Wassertreppe lässt es sich hervorragend sitzen und picknicken. Stilecht geht das mit einem Winzerbrötchen und einem mitgebrachten Glas Trollinger, während die Füße im Neckar baumeln. Die Trauerweide an der nördlichen Spitze der Kraneninsel wurde während der BUGA übrigens zur „Trauweide": 50 Paare schlossen hier den Bund fürs Leben. Der Neckaruferpark ist barrierefrei als Rundweg erreichbar. Wie wäre es anschließend mit einem Stopp im Inklusionscafé Samocca? ➤ S. 59 *S-Bahn/Bus: Hauptbahnhof | E4*

INSIDER-TIPP
Einfach chillen, chillen, chillen ...

22 NECKARBOGEN

Ein Stadtquartier entsteht! Autoarm und grün wird er sein, viele Erholungsflächen bieten und sich nahtlos in die im Rahmen der BUGA 2019 aufgewertete Flusslandschaft einfügen – der Neckarbogen ist DAS Großprojekt mitten in der Stadt und findet auch überregional große Beachtung. 3500 Menschen werden einmal auf dem ehemaligen Bahnareal wohnen, bis 2028 soll das neue Stadtquartier fertig sein. Einen Superlativ hat das Projekt auch zu bieten: Mit Skaio steht hier das höchste Holzhaus Deutschlands. 34 m, zehn Stockwerke, 60 Wohneinheiten und komplett recycelbar. Ausschließlich aus Holz ist das Gebäude aber nicht – aus Brandschutzgründen mussten auch Stahlträger verbaut werden. Auch die Gebäude ringsum sind sehenswert. Jedes hat seinen eigenen Stil und seine eigene Geschichte. Hier leben Alt und Jung zusammen, dort wird in modernsten Büros gearbeitet, Menschen mit Wohnberechtigungsschein wohnen neben gut verdienenden Eigentümern. Das Miteinander unterschiedlicher Lebensentwürfe sorgt für eine vielfältige, lebendige Gemeinschaft. Vielleicht findest du ja jemanden, der dir etwas über die Besonderheiten „seines" Zuhauses erzählt? Nur wenige Meter von den neuen Wohnanlagen entfernt sitzt du im Schatten der Bäume wunderbar am Neckar. Hier kannst du durchatmen, genießen und einfach mal die Seele baumeln lassen – oder etwas südlicher an der Kaffeebucht ein Tretboot leihen. *S-Bahn/Bus: Hauptbahnhof | E4*

23 THERESIENTURM

Ein Turm als Bunker? Der Luftverteidigungsturm an der Theresienwiese war 1940 zu militärischen Zwecken gebaut worden, doch zu einem derartigen Einsatz kam es nie. Stattdessen rettete er als Hochbunker in den letzten Monaten des Zweiten Weltkriegs vielen Heilbronnern das Leben. Da die Stadt als nicht besonders luftgefährdet galt und über viele Keller verfügte, gab es nur wenige unterirdische Bunker. Ein großer Irrtum! Am 4. Dezember 1944 legten britische Bomber Heilbronn in Schutt und Asche. Seinen heutigen Namen trägt das denkmalgeschützte Gebäude erst seit 2016. Bis dahin erinnerte es als General-Wever-Turm an Walther Wever, Generalstabschef der Luftwaffe in den 1930er-Jahren. Heute bietet die Theresienwiese viel Raum für große Feste und den hier regelmäßig stattfindenden Flohmarkt. In den Sommermonaten wird hier freitags und samstags eine große Auswahl an Antikem, an Ramsch und Trödel feilgeboten. *Theresienwiese | Bus: Theresienwiese | D5*

ÖSTLICHE KERNSTADT

Suchst du ein neues Zuhause? Der Heilbronner Osten liegt zentral und ruhig und gehört seit dem Ende des 19. Jhs. zu den beliebtesten Wohngegenden der Stadt.

Blütenpracht im Botanischen Obstgarten

Fabrikanten und wohlhabende Familien errichteten prachtvolle Villen und Stadthäuser, die auch den Zweiten Weltkrieg größtenteils unbeschadet überstanden haben. Wer es sich leisten kann, kann hier auch heute noch ziemlich opulent wohnen. Wenn dein Nachname aber nicht zufällig Knorr ist und dein Kontostand für eine schmucke Jugendstilvilla doch nicht ausreicht, tut es auch ein entspannter „Schaufensterbummel" durchs Viertel. Mit weitläufigen Gärten und Parks ist der Osten die grüne Lunge der Stadt.

24 KUNSTHALLE VOGELMANN

2010 erhielt auch die zeitgenössische Kunst in Heilbronn ein angemessenes Zuhause. Auf 800 m² Ausstellungsfläche werden ausschließlich Wechselausstellungen gezeigt – vorwiegend Skulpturen und moderne Malerei. Alle drei Jahre vergeben die Ernst Franz Vogelmann-Stiftung und die Städtischen Museen Heilbronn gemeinsam den mit 30 000 Euro dotierten Ernst Franz Vogelmann-Preis für zeitgenössische Skulptur, der mittlerweile zu den angesehensten Auszeichnungen dieses Genres gehört. *So–Mi u. Fr–Sa 11–17, Do 11–19 Uhr | Eintritt 7 Euro (inklusive Sammlungen Museum im Deutschhof) | Allee 28 | museen.heilbronn.de/kunsthalle/ | S-Bahn/Bus: Rathaus o. Harmonie | 1½ Std. | F5*

25 VILLENVIERTEL ★

Ein Spaziergang durch das Villenviertel am Lerchenberg ➤ S. 116 ist ein spannender Ausflug in die Heilbronner Stadt- und Industriegeschichte des 19. Jhs. Hier lebte der Erfinder der Tütensuppen, hier wurden im Zweiten Weltkrieg Widerstandspläne geschmiedet, und hier wohnt es sich nach wie vor sehr gediegen. *G–H 5–6*

26 BOTANISCHER OBSTGARTEN ★

Als die Industrialisierung um 1850 dafür sorgte, dass immer mehr Kinder verarmt durch die Gassen zogen, errichtete man in Heilbronn mit der „Knabenarbeitsanstalt" einen Ort, an dem Kinder eine sinnvolle Beschäftigung erhielten und sich auch ein wenig Geld verdienen konnten. Beschäftigt wurden die „Knaben" in einer Baumschule, in der Obst-, Gemüse- und Zierpflanzengärtnerei und mit einfachen handwerklichen Arbeiten. Keine schlechte Sache also – zumindest zur damaligen Zeit. Heute flanierst du hier durch eine 2 ha große wunderschöne und lebendige Gartenanlage mit regionalen Obstbäumen und -sträuchern, Schul- und Schaugärten und toll angelegten Stauden- und Blumenbeeten. Lust auf eine Ausstellung der besonderen Art? Verteilt im Park triffst du auf historische Gartenhäuschen und -lauben aus verschiedenen Epochen. Das älteste – ein Weinberghäuschen aus Schwäbisch Hall – stammt aus dem späten Mittelalter (um 1530). Das Hofcafé Susanne in der ehemaligen Obstlagerhalle wird von einer Heilbronner Förderschule betrieben. Im Hofladen werden individuelle Dekorationen aus allem, was der Garten so hergibt, angeboten. *Garten: Apr.–*

INSIDER-TIPP
Konserviertes Gartenglück

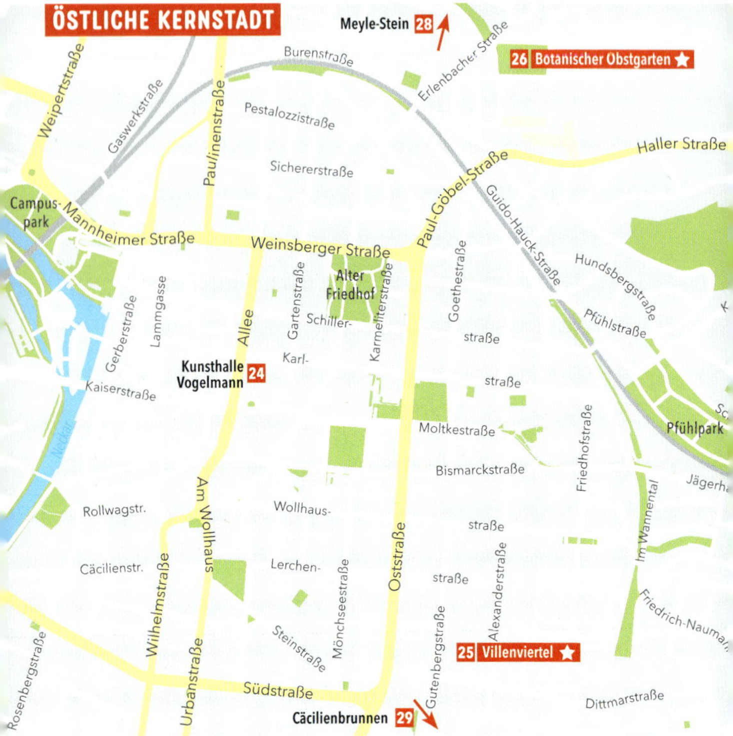

Sept. tgl. 8–20, Okt.–März 9–17 Uhr | Hofladen und Café: Fr u. Sa. 14–17 Uhr (nur im Sommer) | Eintritt frei | Im Breitenloch | botanischer-obstgarten.de | Bus: Linie 11 Schickhardtstr./Botanischer Obstgarten | 2 Std. | G4

27 PFÜHLPARK MIT TRAPPENSEE-SCHLÖSSCHEN ★

Der Pfühlpark wurde als Ergebnis eines Ideenwettbewerbes zur Gartenbauausstellung 1934 ca. 500 m westlich des Trappensees auf einer Fläche von 9 ha erschlossen. Heute ist er einer der beliebtesten Parks der Stadt. Auf den Spiel- und Liegewiesen am Pfühlbach wird gepicknickt und entspannt, Kinder sind mit dem Sandspielplatz, einer Riesenrutsche und einem großen Kletternetz bestens beschäftigt. Die Hauptattraktion ist das 35 m breite Holzdeck am Pfühlsee, von dem du den ganzen See überblickst, ohne die dort ansässigen Tiere in ihren Rückzugszonen zu stören. Das Trappenseeschlösschen befindet sich auf einer kleinen Insel mitten im Trappensee. Gebaut wurde es im Renaissancestil, später (im 18. Jh.) erhielt es seine heutige barocke Form. Durch die Jahrhunderte residierten hier verschiedene wohlhabende Familien.

Als Literaturhaus Heilbronn ist das „Schlössle" mittlerweile auch für die Öffentlichkeit zugänglich. *Jägerhausstr. | S-Bahn: Heilbronn Pfühlpark oder Trappensee | H5*

28 MEYLE-STEIN

An der Wartbergsteige sind einige Meter hinter den letzten Häusern in der rechten Trockenwand der „Hohle" zwei Steine mit Inschriften eingemauert. Auf dem ersten Stein stehen Worte von schlichter Klarheit, nämlich: *Leck mich am Arsch (1952)*. In den zweiten Stein sind folgende Verse eingehauen: *Wart no a Weile! Oberbürgermeister Meyle (1955)*. Wie kam es dazu? Erst nach zwei Jahrzehnten wurden die Hintergründe der in Stein gehauenen Auseinandersetzung bekannt: Das Götzzitat hatte ein Mitarbeiter des städtischen Tiefbauamts in den Stein gemeißelt – er hatte einem Weingärtner beim Bau einer Treppe zu dessen Weinberg einen Sonderwunsch erfüllt, dafür aber die Gegenleistung in Form von Wein nicht bekommen. Kurioserweise erhielt einige Jahre später gerade dieser Mitarbeiter den Auftrag, die Antwort des Oberbürgermeisters Paul Meyle ebenfalls in Stein zu meißeln. Ein paar Flaschen Wein soll er zur Beschwichtigung dazubekommen haben. *Bus: Linie 11 Wartbergsteige | G3*

29 CÄCILIENBRUNNEN

Was du hier siehst, ist nichts weniger als ein denkmalgeschütztes Wasserwerk aus dem 16. Jh. Der Cäcilienbrunnen lag damals außerhalb der

Trappenseeschlösschen

Stadtmauern und versorgte über eine einzige Leitung sechs öffentliche Brunnen, rund 30 Zisternen und viele private Wasserstellen. In manchen Jahren reichte das Wasser nicht, dann saßen in Heilbronn zeitweise ganze Stadtteile auf dem Trockenen. Diese für Leib und Leben eher ungünstige Ausgangslage sorgte dafür, dass im 19. Jh. weitere Brunnenanlagen gebaut wurden. Mit der Eröffnung des Heilbronner Wasserwerks 1875 verlor der Cäcilienbrunnen zunehmend an Bedeutung. *Cäcilienbrunnenstr. | Bus: Linie 11 Winzerstr. | 🕮 G7*

NÖRDLICHE STADTTEILE

„Bäumchen, wechsle dich" in Frankenbach: Bereits im späten Mittelalter gehörte der Stadtteil zu Heilbronn, war dann 170 Jahre lang eigenständig und wurde 1974 doch wieder eingemeindet.

An mittelalterliche Zeiten erinnert noch der Hipfelhof – 1229 wurde die Siedlung etwas außerhalb des Ortes erstmals erwähnt. Fast nahtlos geht Frankenbach heute in Neckargartach über. Gegen Ende des Zweiten Weltkrieges befand sich dort ein KZ-Außenlager der SS. Nach der Kapitulation wurden auf dem Gelände 246 Tote gefunden und von den Neckargartacher Bürgern bestattet. Heute ist der Stadtteil ein lebendiger Wohnort und verfügt über eines der modernsten Krankenhäuser Baden-Württembergs. Kirchhausen ist der Stadtteil, der am weitesten von der Innenstadt entfernt ist. Für einen Ausflug zum prächtigen Deutschordensschloss lohnt sich der Weg aber auf jeden Fall!

30 FRANKENBACHER SCHOTTER

Nachdem Anfang der 1990er-Jahre auch in der letzten der vielen Sand- und Kiesgruben im Leinbachtal westlich von Heilbronn die Bagger stillstanden, blieben einige Gruben erhalten und haben sich sich zu einem Biotop für zahlreiche, zum Teil sehr seltene Tier- und Pflanzenarten entwickelt. Erdkröten, Eidechsen, Ringelnattern, Libellen, Wildbienen, Heuschrecken, Graureiher, Blesshühner und viele, viele andere Arten haben die Grube zu ihrem lebenswerten Zuhause erkoren. Wenn dich alte Erdschichten interessieren, bist du hier auch richtig – die erdgeschichtlichen Ablagerungen stellen ein spannendes Geotop dar. Als hier noch gegraben wurde, kamen immer wieder fossile Tierknochen ans Tageslicht. Einige sollen bis zu 60 000 Jahre alt sein – also etwa so alt wie der in einer Grube bei Mauer (nahe Heidelberg) gefundene Homo Heidelbergensis. Um zur Grube zu gelangen, läufst du am Motocross-Gelände vorbei und folgst dort einem Feldweg. Das Naturschutzgebiet ist über eine Aussichtsplattform zugänglich. *Bus: Linie 8,10, 61, 670 Leintalstr. | Frankenbach | 🕮 0*

31 DEUTSCHORDENSSCHLOSS

Besonders bescheiden ging es beim Deutschen Orden offensichtlich nicht zu – in Kirchhausen leistete man sich ein gar prächtiges Wasserschloss. Das seinerzeit von einem mächtigen Wassergraben umgebene Schloss wurde zwischen 1570 und 1576 errichtet und ersetzte eine alte Burg an selber Stelle. Eine steinerne Brücke führt in den Innenhof, früher ermöglichte eine hölzerne Zugbrücke den Zugang. Links und rechts der Toranlage befinden sich als Löwenköpfe verzierte Schießscharten. Die zwei Türme dienten ursprünglich der Verteidigung, später auch als Strohlager und Schlafstatt reisender Handwerker. Das Amtshaus ist der älteste Teil des Schlosses. Im letzten Jahrhundert wurde das Gebäude als Schul- und Rathaus benutzt. 1965 wurde es renoviert und ist heute der Sitz des Kirchhausener Bürgeramtes. *Schlossplatz 2 | Bus: Linie 31, 61, 670 Schlossplatz | Kirchhausen |* *0*

32 HISTORISCHER INDUSTRIEPARK WIDMANNSTAL

Der Industriepark mit der Corell'schen Hammerschmiede und dem Pumpwerk aus dem 19. Jh. befindet sich auf dem Gelände der ehemaligen Widmann'schen Papierfabrik. Johann Jakob Widmann hatte 1830

Generationentreffen der Loks im Süddeutschen Eisenbahnmuseum

die erste kontinentaleuropäische Papiermaschine für Endlospapier gebaut und diese bis 1840 in einer Werkstatt in Heilbronn betrieben. Später expandierte er im Leintal und baute dort eine große Fabrik für Papiermaschinen. Eine Hungerperiode und die darauffolgende Wirtschaftskrise sorgten jedoch dafür, dass Kreditlinien platzten und die Fabrik schließlich 1849 zwangsversteigert werden musste. Widmann zog nach Amerika und verschwand dort mitsamt seiner Familie spurlos. Um 1900 wurde das Werkstattgebäude zum Pumpwerk umgebaut und bis in die 1960er-Jahre genutzt. Die historische Hammerschmiede wurde erst in den 1990er-Jahren gebaut, geht aber auf eine im 17. Jh. erwähnte Mühle zurück, in der 1883 eine Hammerschmiede eingerichtet wurde. *Nur mit Führung zugänglich! Kontakt: Stadtwerke Heilbronn | Widmannstr. 25 | Bus: Linie 8, 31, 32 Hammerschmiede | Neckargartach |* *D1*

SÜDLICHE STADTTEILE

Mit fast 12 000 Einwohnern fast schon eine eigene Stadt ist der Stadtteil Sontheim. Er liegt südlich der Kernstadt und hat sich im Laufe der Jahrhunderte vom Acker- und Weinbauort zum Industriestandort gemausert. Die Eingemeindung einer der bis dahin reichsten Gemeinden Nordwürttembergs spülte 1938 reichlich Geld in die Heilbronner Kassen.

Vom Aufstieg Sontheims erzählen alte Firmengebäude und der ehemalige Südbahnhof, der bis in die Mitte des 20. Jhs. zu den bedeutendsten Bahnhöfen im Südwesten zählte. Heute erinnern daran nur noch alte Gleisanlagen. Lokomotiven und Waggons gibt es dafür in Böckingen zuhauf – im Süddeutschen Eisenbahnmuseum. Heilbronns ältester Stadtteil wurde 766 erstmals erwähnt und hat sich seinen Charakter als Handwerkerdorf bis heute bewahrt. Das ländliche Horkheim wird auch „der Garten Heilbronns" genannt. Gemüse, Salat, Tabak und einiges mehr gedeiht auf den Feldern rund um den Stadtteil. Spannend ist der „Nostalgiepfad": Am Neckartal-Radweg auf der Horkheimer Insel informieren von Bürgern mitgestaltete Infotafeln über die Geschichte des Ortes. Last, but not least: Klingenberg: Hier geht es recht beschaulich zu – dabei machte ausgerechnet dieser kleine Stadtteil Heilbronn zur Großstadt. Mit der Eingemeindung 1970 stieg die Einwohnerzahl auf über 100 000.

33 RÖMERKASTELL BÖCKINGEN

Die alten Römer haben auch in Böckingen ihre Spuren hinterlassen. Von dem ehemals sehr beeindruckenden Kastell erzählt eine Schautafel – viel zu sehen ist nämlich ehrlich gesagt nicht mehr. Der Vorteil: Du kannst dich ganz entspannt niederlassen, auf die alten Steine gucken und der römischen Legionäre gedenken, die hier vor vielen Jahren ihr Militärlager verteidigten. Carpe diem! *Steinäckerstr. | Bus: Linie 10 Landwehrstr. | Böckingen |* *D4*

34 ZIEGELEIPARK

Wie der Name schon sagt, wurde der 15 ha große Park auf dem Gelände einer ehemaligen Ziegelei angelegt. Nach deren Stilllegung bot sich Anfang der 1990er-Jahre die einmalige Chance, aus dem Industriegelände einen Bürgerpark zu schaffen. In der Mitte des Ziegeleiparks liegt ein rund 1,2 ha großer See. Er wird über ein Quellbecken gespeist, das sich oberhalb des Wasserspielplatzes auf einem kleinen Hügel befindet. Vom Quellbecken fließt das Wasser in vielen Windungen durch den Wasserspielplatz in den See. Markante Blickpunkte sind die bis zu 15 m hohen Steilwände aus Lösslehm am Wasserturm. Dort haben seltene Wildbienenarten ihr Zuhause, weshalb die Wände unter Naturschutz stehen. Beim Kiosk markiert das „Mostbirnenrondell" den Auftakt zum *Böckinger Mostbirnenweg,* der die Geschichte des Streuobstanbaus erzählt und sich vor allem mit der Vielfalt der Mostbirnensorten beschäftigt. Ein schöner Ausflugsort für die ganze Familie! *Öffnungszeiten Kiosk: April–Okt. Mo–Fr 13.30–22, Sa u. So 11–22 Uhr | Heuchelbergstr. 80/1 | Bus: Line 1, 5 Friedrichstr., Linie 13 Ziegeleipark Böckingen |* *B6*

35 SÜDDEUTSCHES EISENBAHNMUSEUM

Tuk, tuk, tuk, die Eisenbahn ... Hobby-Lokführer aufgepasst: Über 20 Dampflokomotiven aus den Epochen der Staatsbahnen der Länder, der Reichsbahn und der Bundesbahn gibt es hier zu sehen. Darunter auch einmalige Fahrzeuge wie die stromlinienverkleidete 01 1102 oder die letzte für die DB gebaute Dampflok 23 105. Die preußische Dampflok

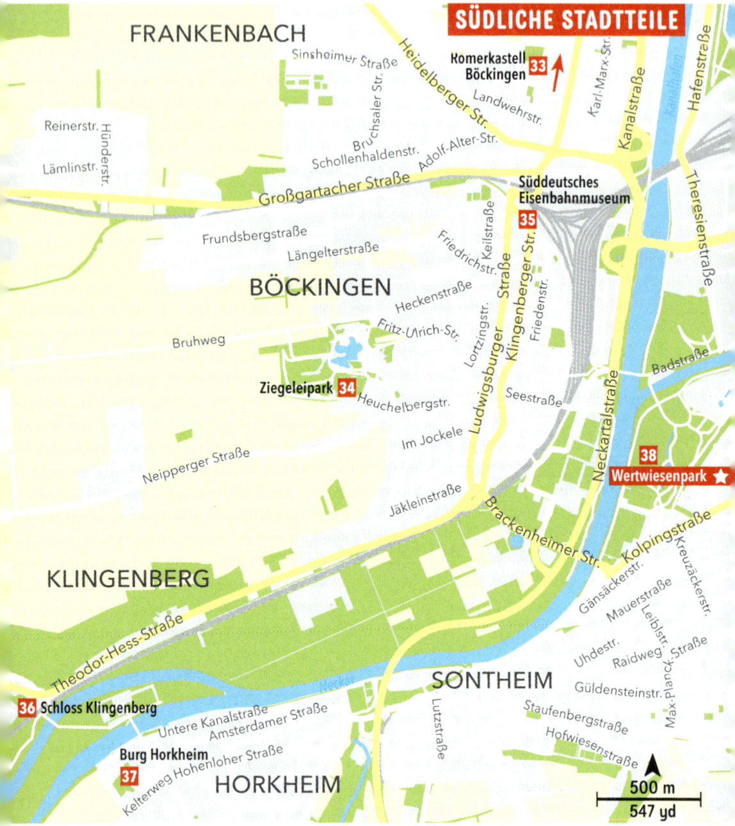

38 3199 oder die Schnellzugmaschine 01 1066 stehen für Dampfzugsonderfahrten bereit. Dazu gesellen sich historische Diesellokomotiven wie die Köf II, V20, MaK 800 oder V200. Wenn dir das jetzt alles nichts sagt, auch nicht schlimm: **In der Cafeteria liegt Nachhilfeliteratur bereit!** *März–Okt. Sa, So, Feiertag 10–18 Uhr, Nov.–Feb. Sa 11–16 Uhr (Cafeteria im Winter geschlossen) | Eintritt 5 Euro, Kinder 2,50 Euro, Familien: 12,50 Euro | Leonhardstr. 15 | eisenbahnmuseum-heilbronn.de | S-Bahn: Linie S4 Sonnenbrunnen | Böckingen | 1 Std. | C5*

> INSIDER-TIPP
> **Eisenbahnbildung inklusive!**

36 SCHLOSS KLINGENBERG

Ein Ort mit viel Geschichte! Erstmals erwähnt im 13. Jh., wurde die Burg über dem Stadtteil Klingenberg nach nur wenigen Jahrzehnten von der Armee des Pfalzgrafen Ruprecht eingenommen und dabei teilweise zerstört. Angeblich stammen die Steine, die für den Bau des Götzenturms ➤ S. 37 verwendet wurden, aus den Überresten der alten Raubritterburg. Das heutige Schloss wurde im 17. Jh. errichtet. Während des Zweiten Weltkriegs wurden hier slowenische Zwangsarbeiter untergebracht, die auf den umliegenden Feldern Gemüse für die deutsche Wehrmacht anbauten. *Schlossweg 36 | Bus: Linie 1 Schlossweg | Klingenberg | 🕮 0*

37 BURG HORKHEIM

Eine schmucke, kleine Burg findet sich mitten in Horkheim. Die Anfänge der als Wasserburg gebauten Anlage gehen auf das 12./13. Jh. zurück. Lange Zeit diente sie als Wohnstätte und Synagoge der Horkheimer Juden. Der Kulturtreff Burg Horkheim organisiert regelmäßig Konzerte und Ausstellungen. *Schlossgasse | Bus: Linie 31–33 Kelter | Horkheim | 🕮 A8*

38 WERTWIESENPARK ★

Wenn Heilbronn seine Gartenschauen nicht hätte … Der Wertwiesenpark erstreckt sich wunderschön am Neckarufer zwischen der Kernstadt und dem Stadtteil Sontheim. Angelegt wurde er zur Landesgartenschau 1985. Der Park ist unterteilt in einen landschaftlichen Bereich mit großen Liegewiesen am Neckar und den gärtnerisch gestalteten östlichen Bereich mit Rosengarten, Duftgarten, Kneippbecken und Hausgartenausstellung. Die beiden Parkteile sind durch einen lang gestreckten Teich verbunden, der einem Neckaraltarm nachempfunden wurde. Toll anzuschauen ist vor allem die Staudenwoge mit über 13 000 Pflanzen! Zwei Spielplätze, ein Wasserspielplatz, eine Halfpipe und eine Minigolfanlage sorgen dafür, dass auch Kindern nicht langweilig wird. Am Neckaruferweg darf gegrillt werden. *Neckarhalde | Bus: 31, 32, 41, 42 Wertwiesen | Sontheim | 🕮 D6–7*

AUSSERDEM SEHENSWERT

39 WARTBERG ★

Willkommen auf dem Heilbronner Hausberg! Eben noch in der Stadt, schwups, schon bist du draußen in der Natur – umgeben von Weinbergen und ganz viel frischer Luft. Der Wartberg ist mit seinen 308 m zwar kein Riese, aber der Höchste weit und breit. Von der Innenstadt wanderst du in rund einer Stunde hinauf. Oben an-

Wertwiesenpark

WEINSTADT HEILBRONN

„Der pesst Neckerwein wächst zu Haylprunn", bemerkte im 16. Jh. schon der Hofkaplan Kaiser Maximilians I. Bis heute gehört der „Woi" zu Heilbronn wie sein Käthchen. ➤ S. 14

Beim **Heilbronner Weindorf** treffen sich Kenner und Genießer zu elf wein- und erlebnisreichen Tagen rund um das Heilbronner Rathaus. ➤ S. 95

Die als Wein-Villa weithin bekannte **Industriellenvilla Faißt** ist nicht nur ein kulinarisches, sondern auch ein architektonisches Highlight. ➤ S.69

Auf dem sechs Kilometer langen Wein Panorama Weg am Hang des **Wartbergs** entdeckst du die Vielfalt des Weinanbaus quasi im Vorbeigehen. ➤ S. 114

gekommen gilt es dann noch, den Wartbergturm zu erklimmen. Auf dem Dach des Turms leuchtet seit 2002 die weithin sichtbare Lichtskulptur „Sonnenstrahl für Heilbronn" des niederländischen Künstlers Jan van Munster in den Stadtfarben – tags weiß, nachts rot und blau. Weiter geht's zur Einkehr im Höhenrestaurant Wartberg mit tollem Biergarten und leckerer schwäbischer Küche. Der Ausblick von hier oben ist phänomenal. Als einst der alte Goethe auf dem Wartberg vorbeischaute, notierte er anschließend begeistert in sein Tagebuch: *„Alles, was man übersieht, ist fruchtbar."* Mit der Industrialisierung im 19. Jh. hat sich das zwar ein wenig geändert, dafür schaust du aber auf alles, was diese Stadt (heute) ausmacht: die Kernstadt mit dem Neckar als Lebensarm, riesige Fabrikanlagen in den Außenbezirken und die grünen, immer noch sehr fruchtbaren Weinberge ringsum. Apropos Wein: Mit etwas Glück hat das „Wengerthäusle am Wartberg" geöffnet (vorher im Internet checken) – dann solltest du dort auf dem Rückweg unbedingt auf ein Gläsle vorbeischauen! *Bus: Linie B Wartberg (nur Apr.–Okt.) | Heilbronn-Ost |* *G2*

INSIDER-TIPP
Weinprobe am Berg!

40 SCHILFSANDSTEINBRUCH

Der ehemals bedeutendste Steinbruch Württembergs lieferte über ein halbes Jahrtausend wertvolles Baumaterial. Verbaut wurde der Heilbronner Sandstein unter anderem im Heidelberger Schloss und im Kölner Dom. Heute spazierst du hier auf einem Rundweg durch ein wunderbares Naturschutzgebiet. Zwischen Jägerhaus und Köpfertal befindet sich der Heilbronner Walderlebnispfad. An über 20 Stationen findest du viel Interessantes über den Wald und seine Bewohner, du kannst Rätsel lösen und Kunstwerke bestaunen. Toll ist auch die Naturkugelbahn! *Bus: Linie 1 Jägerhaus (nur Apr.–Okt.) | Heilbronn-Ost |* *K6*

41 KÖPFERTAL

Willkommen im traumschönen Sumpfwald! Die Feuchtgebiete im Naturschutzgebiet Köpfertal sind der Lebensraum seltener Tiere und Pflanzen. Dich erwartet ein ausgedehntes Naherholungsgebiet mit Bachlauf und Köpferbrunnen. Also Wanderschuhe an und los geht's ! *Bus: Linie 1 Köpfertal | Heilbronn-Ost | 🕮 J6*

42 WALDHEIDE

Im Osten Heilbronns erstreckt sich eine Lichtung mit bewegter Geschichte: die 52 ha große Waldheide. 1883, infolge des Deutsch-Französischen Krieges, wurde hier ein Exerzierplatz eingerichtet. Nach dem Ersten Weltkrieg wurde die Waldheide zwischenzeitlich zum Naherholungsgebiet für die Heilbronner Bevölkerung, bevor die Nazis sie schließlich zum Truppenübungsplatz machten. Nach dem Zweiten Weltkrieg übernahm die U.S. Army das Gelände und stationierte hier u.a. Atomraketen – freilich ohne das an die große Glocke zu hängen. Tragischer Höhepunkt: 1985 starben drei Soldaten bei einem Raketenunfall, der um ein Haar in einer noch größeren Katastrophe geendet hätte. Fünf Jahre später gab die U.S. Army das Gelände auf und zog ab. Das Gebiet ging zurück an die Stadt Heilbronn und die Renaturierung begann. Die offene, abwechslungsreiche Landschaft mit einzelnen Bäumen, Sträuchern und Hecken ist das Ergebnis jahrhundertelanger intensiver Beweidung. Ohne die Schafbeweidung würde die Waldheide rasch verbuschen und bald in geschlossenen Wald übergehen. Heutzutage sind es die Schafe der Schäferei Württemberger, die diese verantwortungsvolle Aufgabe als Landschaftspfleger erledigen. Das Lammfleisch der Schäferei gibt es ganz in der Nähe im Hofladen in Ellhofen. *Lammfleisch-Hofladen Württemberger: Sa 9–13 Uhr | Hauptstr. 5–9 | 74248 Ellhofen | Tel. 07 13 41 82 79 | Facebook: Schaeferei-Wuerttemberger | Bus: Linie 1 Waldheide (nur Apr.–Okt.) | Heilbronn-Ost | 🕮 K7*

Rebenbestanden: Heilbronns aussichtsreicher Hausberg, der Wartberg

ESSEN & TRINKEN

Ein Blick in Heilbronner Speisekarten gibt einen Einblick in die zuweilen etwas zerrissen anmutende Heilbronner Seele: Schwäbisch, badisch, fränkisch – ja was is(s)t man denn nun als Unterländer?

Unter dem Strich steht meist ein klares Bekenntnis zum Schwabenländle und so locken vielerorts Maultaschen, Spätzle und Zwiebelrostbraten. Dazu ein Glas Trollinger oder Lemberger und das Leben ist ziemlich perfekt. Im Sommer führt kein Weg an den gemütlichen Besenwirtschaften vorbei: Im Besen wird gelacht, diskutiert, gestrit-

Zentraler Treffpunkt Neckarmeile

ten und sich wieder versöhnt – Hauptsache, das Glas ist immer gut gefüllt. Innerstädtisch geht es international zu: Die *Neckarmeile* mit rund 20 Restaurants hat sich in den letzten Jahren zu einem kulinarischen Hotspot entwickelt, den man nur satt und glücklich verlassen kann. Im historischen Ratskeller speist du eher edel, das Velo serviert vegane Kost, ein kurzer Marsch zur Kaffeebucht im Heilbronner Süden sorgt für Urlaubsgefühle … Du siehst: (Fast) alles ist möglich in Heilbronn. Lass es dir schmecken!

WO HEILBRONN ISST

MARCO POLO HIGHLIGHTS

★ PRIMAFILA EISMANUFAKTUR
Sommer, Sonne, Eis! Grandiose Sortenvielfalt, alles natürlich, alles hand- und hausgemacht. ➤ S. 58

★ KAFFEEBUCHT
Urlaubsfeeling meets Chill-out-Zone: Strandbar erster Güte – mit Sand und Strand und Liegestuhl am Neckarufer ➤ S. 62

★ CHARIVARI
Sehr beliebt und immer voll. Abwechslungsreiche Cross-over-Küche – auch bei Freundinnen und Freunde leckerer Salate ein heißer Tipp! ➤ S. 64

★ VELO
Vegane Vielfalt vom Feinsten – nicht nur für Überzeugungstäter eine schmackhafte Alternative ➤ S. 64

★ RATSKELLER
Der Name ist Programm: regionale Klassiker und saisonale Spezialitäten in historischem Ambiente – einfach gut! ➤ S. 65

★ BEICHTSTUHL
Deutsche Kochkunst mit feiner französischen Note – immer eine Sünde wert ➤ S. 66

★ TENNO SUSHI LOUNGE
Eines der besten Sushi-Lokale weit und breit. Serviert im herrlichen Ambiente des Insel-Hotels ➤ S. 67

Industriebrücke
Austraße
Industrieplatz
BAHNHOFSVIERTEL
... aus dem Zug ins Lokal
Fügerstraße
Technisches Schulzentrum
Haller Straße
B39
NECKARBOGEN
B39
Weinsberger Straße
Theater
Hauptbahnhof/
Willy-Brandt-Platz
Tenno Sushi Lounge
Allee
Ratskeller
Primafila Eismanufaktur
Velo
Friedensplatz
Pfühlpark
Beichtstuhl
Harmonie
Finanzamt
Charivari
Pfühlpark
B27
Neckar
Wilhelmstraße
Urbanstraße
Oststraße
B293
Kaffeebucht
NECKARMEILE
Schlemmen zwischen
den zwei Türmen
Sontheimer Straße
Charlottenstraße
Stuttgarter Straße
500 m
547 yd

NECKARMEILE ★

Parallel zur Fußgängerzone verläuft Heilbronns Gastromeile – die größte an einem Fluss in ganz Süddeutschland! Zwischen Bollwerks- und Götzenturm erwarten dich rund 20 Restaurants und Kneipen sowie zwei Hotels. Auf 700 m kannst du es dir gut gehen lassen: Flanieren, Einkehren, Freunde und Fremde treffen und die schönen Dinge des Lebens feiern. Der Erfolg der Neckarmeile kam übrigens nicht über Nacht: Fast 10 Jahre dauerte es, bis sich das Konzept in Heilbronn etabliert hatte. Dann zahlte sich der lange Atem der Gastronomen und Stadtplaner aus: Spätestens seit der BUGA 2019 ist die Neckarmeile aus dem Stadtleben nicht mehr wegzudenken und entwickelt sich ständig weiter. E-F5

CAFÉS & FRÜHSTÜCK

KAFFEE- UND TEEHAUS HAGEN

Etwas außerhalb der Innenstadt findest du eines der traditionsreichsten Unternehmen Heilbronns. Seit 1934 wird im Kaffeehaus Hagen geröstet, was die Bohne hergibt. Das Kaffeehaus im Wiener Stil mit großer Sonnenterrasse gilt als tolle Frühstücksadresse (vorab reservieren!), es gibt auch einen Mittagstisch und eine Kulturbühne. Eine Packung hausgerösteter Bohnen eignet sich wunderbar als Mitbringsel für Daheimgebliebene! *Mo–Fr 8.30–18, Sa 8.30–16 Uhr | Christophstr. 13 | Tel. 07131 15 55 40 | hagenkaffee.de | S-Bahn/Bus: Industrieplatz | € | Westl. Kernstadt | F3*

INSIDER-TIPP
Coffee to go!

KAFFEEHAUS EXCELLENT

Seit 1809 gibt es das Stammhaus in Sinsheim, seit 2013 kredenzt das Traditionscafé mit Chocolaterie auch in Heilbronn leckere Torten, feinste Pralinen, guten Kaffee und ein Frühstücksangebot, mit dem du „excellent" in den Tag startest. Als Spezialität des Hauses gilt das Königsberger Marzipan – hergestellt nach den Rezepturen der ehemaligen Hof-Conditoren Gebrüder Pomatti. Im Sommer beobachtest du das Geschehen auf dem Marktplatz unter Sonnenschirmen, im Winter durch die riesigen Glasfronten des Kaffeehauses. *Tägl. 9–18 Uhr | Marktplatz 2 | Tel. 07131 6 40 57 20 | chocolaterie-kaffeehaus.de | S-Bahn/Bus: Rathaus | €€ | Westl. Kernstadt | F5*

INSIDER-TIPP
Genießen wie bei Königs!

PRIMAFILA EISMANUFAKTUR ★

Heilbronns Eiscafé N° 1! Hier ist immer viel los, aber es lohnt sich, ein paar Minuten anzustehen. Ungewöhnliche Sorten wie New York Cheesecake, Orange-Minze oder Salzkaramell fordern die Geschmacksnerven auf die beste Art und Weise heraus. Natürlich gibt's auch Vanille, Schokolade und Erdbeere. Produziert wird möglichst natürlich, ohne Aroma-, Farb- und Konservierungsstoffe. Vor Ort essen ist möglich, alternativ nimmst du dein Eis auf die Hand und

Wiener Charme erwartet dich im Kaffee- und Teehaus Hagen

spazierst die Neckarmeile entlang. *Feb./März/Okt. Di–So 12–20, April tgl. 12–20, Mai–Sept. tägl. 12–22 Uhr | Obere Neckarstr. 32 | Tel. 07131 7 90 88 20 | primafila-eis.de | S-Bahn/Bus: Neckarturm | €€ | Westl. Kernstadt | F5*

CAFÉ PASSAGE – LA PETITE FRANCE

Es gibt keinen besseren Platz, um an einem Samstagmorgen gemütlich in der Hafenmarktpassage zu sitzen, Café au Lait zu schlürfen und Leute zu gucken. Hausgemachte Kuchen und Teilchen machen Lust auf Paris – mancher behauptet, hier gäbe es die besten Croissants außerhalb von Frankreich. Ob wahr oder nicht: Hauptsache, es schmeckt! *Mo–Sa 9–16 Uhr | Hafenmarktpassage | Tel. 07131 2 75 85 28 | cafepassage.de | S-Bahn/Bus: Harmonie | € | Westl. Kernstadt | F5*

WOHNZIMMER

Bloß keinen Stress – gemütlich zusammensitzen, so wie zu Hause mit den Eltern und Großeltern, das ist hier oberstes Gebot. Für den kleinen Hunger gibt es belegte Brote (auch wie daheim!), Kartoffelchips mit Dips und leckeren Kuchen. Wenn's etwas mehr sein darf, greifst du zu Salaten, Wraps oder noch mehr Kuchen. Am Wochenende weckt das tolle Frühstückbuffet die Lebensgeister. Ein bisschen hip und ganz schön „hyggelig"! *Tägl. ab 9 Uhr | Lohtorstr. 7 | Tel. 07131 8 99 19 27 | wohnzimmer-heilbronn.de | S-Bahn/Bus: Neckarturm | €€ | Westl. Kernstadt | F5*

SAMOCCA – CAFÉ UND RÖSTEREI

Genussstation, Entspannungsoase, Kulturraum – das inklusive Café passt in keine Schublade. Genauso wenig wie die Menschen, die hier arbeiten:

Macht glücklich: s'Schümli

Menschen mit und ohne Behinderung heißen dich willkommen und sorgen dafür, dass du eine gute Zeit hast. Der aromatische Samocca-Kaffee wird direkt vor Ort geröstet, es gibt eine Auswahl an Kuchen, Bagels, Bowls und andere kleine Gerichte. Regelmäßig finden Lesungen, Ausstellungen und Musikevents statt. *Mo 9–14, Mi 9–15, Do–So 9–17 Uhr | Theodor-Fischer-Str. 20/22 | Tel. 07131 3821800 | samocca-heilbronn.de | S-Bahn/Bus: Neckarturm | € | Westl. Kernstadt | E4*

INSIDER-TIPP
Inklusive Kultur!

WILLY'S IM INSEL-HOTEL

Als Hotelier Willy Mayer in den 1940er-Jahren nach einem Bad im Neckar den Entschluss fasste, auf der Insel Hefenweiler eine Herberge zu errichten, hätte er wohl nicht davon zu träumen gewagt, welche Erfolgsgeschichte, das Insel-Hotel ➤ S. 96 werden würde. Im stilvollen Café der „Insel" huldigt man Gründer Willy an allen Ecken und Enden. Willy sucht den Kuchen aus, Willy empfiehlt dir ein leckeres Frühstück und Willy sorgt dafür, dass du dich in der gemütlichen Kaffeehaus-Atmosphäre rundum wohlfühlst. Einen (nicht so) kleinen Anteil daran hat aber auch das sehr engagierte Insel-Personal, auf das Willy bestimmt sehr stolz wäre! *Tägl. 7–22.30 Uhr | Willy-Mayer-Brücke | Tel. 07131 6300 | insel-willys.de | S-Bahn/Bus: Neckarturm | €€ | Westl. Kernstadt | E5*

S'SCHÜMLI

Ciabatta, Tramezzini, Focaccia, Croissants, Bagels … Kurz: Hier gibt's belegte Backwaren und eine Frühstückskarte, die dich glücklich macht – oder traurig, denn du kannst nicht alles probieren. Sobald du dich entschieden hast und in ein knuspriges Teilchen beißt, überwiegt aber ganz klar das Glück. Das Café liegt mitten in der Fußgängerzone und ist unter der Woche eine gute Adresse für frühe Vögel und am Wochenende für Langschläfer (sonntags Frühstück bis 16 Uhr!). Mittags gibt's auch große Salate und wechselnde Tagesgerichte. Außerdem gewinnt s'Schümli den Preis für die schönste Speisekarte (zusammen mit

Unsere Empfehlung heute

Kleine Gerichte

FLÄDLESUPPE
Rinderbrühe mit hauchdünn geschnittenen gebratenen Pfannkuchenstreifen

SCHWÄBISCHER WURSTSALAT
mit zwei Wurstsorten (in der Regel Fleischwurst, auf jeden Fall Schwarzwurst), dazu Bauernbrot

Hauptgerichte

HEILBRONNER LEIBGERICHT
Schweinefilet, Maultasche, Spätzle, Schupfnudeln, Champignonrahmsoße

BÖCKINGER FELDGESCHREI
Gemüseeintopf mit Spätzle und Rindfleisch

MAULTASCHEN
Mit Hackfleisch und/oder Brät gefüllte Nudelteigtaschen, geschmälzt oder in der Brühe serviert (dazu viele moderne Varianten: vegetarisch mit Gemüse, edel mit Lachs etc.)

WENGERTERGERÖSCHTEL
Geröstete Blutwurstscheiben mit Bratkartoffeln

SCHWÄBISCHER ZWIEBELROSTBRATEN
wahlweise mit Brot oder Spätzle (gern mit einem Trollinger-Sößle) und Salat serviert

Desserts

NONNENFÜRZLE
Krapfen, heißes Schmalzgebäck aus Brandteig

OFENSCHLUPFER
Süßer Auflauf aus Brot, Milch, Eiern und Äpfeln mit Vanillesauce

Getränke

VIERTELE
Erstklassige Weine aus den Heilbronner Lagen im traditionellen Viertelliter-Glas. Von den ewig jungen Klassikern wie Trollinger, Lemberger und Riesling bis zu Samtrot, Clevner und Acolon.

BAUERNSCHORLE
Weißherbst, Mineralwasser, Sekt

HÖLLEBLÖMS
spritzige Holundersaftschorle

dem Pier 58). *Tgl. 7–19.30 Uhr | Sülmerstr. 9 | Tel. 07131 826 00 | schuemli.de | S-Bahn/Bus: Harmonie | €€ |* Westl. Kernstadt | 🕮 F5

DRAUSSEN SITZEN

KAFFEEBUCHT ★

Von der Innenstadt zum Südseestrand, in Heilbronn kostet dich das nur einen kurzen Fußmarsch. Die Kaffeebucht an der Neckarmeile ist der wahrscheinlich gemütlichste Biergarten der Stadt und hat sich in kürzester Zeit zum Outdoor-Hotspot entwickelt. Schuld daran ist ganz klar das Urlaubsfeeling, das dich hier in kürzester Zeit heimsucht. Lust auf eine kleine Tour mit dem Tretboot? Der Bootsverleih ist direkt nebenan. *Mo–Do 14–24, Fr–So 11–24 Uhr | Neckarhalde 8/1 | Tel. 0171 2115056 | kaffeebucht.de | Bus: Besigheimer Str. | € |* Westl. Kernstadt | 🕮 E6

INSIDER-TIPP
Kapitän für eine Stunde

FOOD COURT/WINTERDORF

In Heilbronns ältestem Biergarten wird ordentlich gefeiert! Im Sommer unter freiem Himmel, im Winter beim Après-Ski in der Hütt'n. *Mo–Do, So 11–22, Fr, Sa ab 11 Uhr; Winterdorf (Nov.–Jan.): Mi–Sa 17–24, So 14–20 Uhr | Badstr. 100 | food-court.de | S-Bahn/Bus: Theresienwiese |* Westl. Kernstadt | 🕮 D6

LEHNER'S WIRTSHAUS

Hausmannskost und regionale Schmankerl in modern-rustikaler Umgebung, spannend interpretiert. Den Spagat zwischen traditioneller Küche und zeitgemäßem Ambiente meistert

Kaffeebucht: angesagte Outdoorlocation mit Südseeflair

das Lehner's fulminant. Auch die Lage könnte kaum besser sein: Im Freien sitzt du mitten in der Stadt in schönstem Biergartenambiente. Gut gelaunte Kellner servieren ofenfrischen Schweinekrustenbraten und Haxe, hausgemachte Spätzle, BBQ-Ribs, Salate und andere Leckereien. Schwaben trifft Bayern – heraus kommt das Lehner's! *Tägl. 11.30–18 Uhr | Bahnhofstr. 1 | Tel. 07131 6427927 | heilbronn.lehners-wirtshaus.de | S-Bahn/Bus Neckarturm | €€ | Westl. Kernstadt | E5*

INSIDER-TIPP
Für Fleischliebhaber

WALDHORNSCHENKE

Achtung, jetzt wird's urig! Zwiebelrostbraten, Kutteln, saure Nierle und natürlich Spätzle ohne Ende – in der Waldhornschenke wird gekocht wie bei Oma und auch das Ambiente ist eher zünftig. Das Restaurant liegt nicht etwa im Wald, sondern am Ende der Neckarmeile, nahe dem ehemaligen BUGA-Gelände. Das Preis-Leistungs-Verhältnis könnte kaum besser sein und im Biergarten ist auch noch der Blick auf den Hagenbucher See inklusive. *Mo–Sa 9–24, So 9–13 Uhr | Untere Neckarstr. 46 | Tel. 07131 83730 | S-Bahn/Bus: Neckarturm | € | Westl. Kernstadt | F4*

BISTROS & FEINKOST

ABUZEID MOCCA BAR

Orientalische Leckereien, dampfender Mokka und herzliche Besitzer – der Feinkostladen mit Café ist eine kleine exotische Oase! Zu kaufen gibt es Gewürze, Tees und Kleinigkeiten wie selbst gemachte Süßigkeiten, Nüsse und Datteln. *Mo–Mi 8.30–21, Fr 8.30–23, Sa 10–0, So 17–22 Uhr | Platz am Bollwerksturm 1 | abuzeid-mocca-bar.business.site | S-Bahn/Bus: Theater | € | Westl. Kernstadt | F4*

PFEFFER LEBENSMITTEL

Feinkost und Espressobar in einem: Möglich machen das die Gebrüder Pfeffer im über 400 Jahre alten Fleischhaus. Morgens gibt's Espresso an der Bar, mittags schaut die Heilbronner Hautevolee zum Mittagessen vorbei, am Abend trifft man sich zu Prosecco und Antipasti an der langen Holztafel – gefertigt aus Platanen, die für den Bau der Stadtbahntrasse an der „Allee" gefällt werden mussten. Ein würdiges zweites Zuhause! Spezialität des Hauses ist u.a. „Schwäbischer Thun" aus gepökeltem schwäbisch-hällischem Schwein – unbedingt probieren! *Mo–Fr 10–18, Sa 9–15 Uhr | Kramstr. 1 | Tel. 07131 3900997 | pfeffer-lebensmittel.de | S-Bahn/Bus: Rathaus | €€ | Westl. Kernstadt | F5*

IL BUONGUSTAIO

Da staunte Uccio Gaudiano nicht schlecht, wer da im Sommer 2017 bei ihm auftauchte: Angela Merkel höchstpersönlich! Klar, auch eine Kanzlerin hat mal Hunger und offensichtlich war der italienische Feinkostladen genau nach ihrem Geschmack. Zu essen gab es eine spezielle Auswahl Antipasti – die steht so zwar nicht auf der Karte, kann aber als „Merkel-" oder „Kanzlerplatte" bestellt werden. Ausgesuch-

INSIDER-TIPP
Auf Angies Spuren

te Weine und leckere Panini ergänzen das Angebot. Für Eigenbrötler ist dieser Laden eher nichts, denn „beim Uccio" is(s)t man gesellig! Von den Holztischen vor dem Laden hast du den besten Ausblick auf die quirlige Kirchbrunnenstraße. *Mo–Sa 11–19 Uhr | Kirchbrunnenstr. 13 | S-Bahn/Bus: Rathaus | €€ | Westl. Kernstadt | F5*

RESTAURANTS

CHARIVARI ★

Willkommen zu Hause! Das Ambiente mag zunächst etwas karg wirken, doch der Eindruck täuscht: Das Charivari gehört zu den beliebtesten Restaurants der Stadt – auch dank des sehr herzlichen Service. Hast du Lust auf leckere Pasta, Pizzen und Fleischgerichte oder einen Salat, von dem du tatsächlich satt wirst? Dann nix wie hin! Wer sich nicht um einen Tisch streiten will, sollte vorab reservieren. *Mo–Fr 11–24, Sa 18–24 Uhr | Gymnasiumstr. 28 | Tel. 07131 962932 | Facebook: CharivariHeilbronn | S-Bahn/Bus: Harmonie | €€ | Östl. Kernstadt | F5*

HANS IM GLÜCK

... nicht der Burgergrill, sondern der „echte"! In Heilbronn gibt es den nämlich schon seit 30 Jahren. Serviert wird bodenständige regionale Küche in ordentlichen Portionen zu vernünftigen Preisen. Das Lokal liegt beim Götzenturm direkt am Neckar. Drinnen wie draußen sitzt du gemütlich und kommst schnell mit anderen Gästen ins Gespräch. Durststillend und gesprächsfördernd wirkt die „Bauernschorle" aus Weißherbst, Mineralwasser und Sekt. *Mo–Sa 17–1, So 17–24 Uhr | Allerheiligenstr. 1 | Tel. 07131 80534 | hig-hn.de | S-Bahn/Bus: Rathaus | €€ | Westl. Kernstadt | E5*

INSIDER-TIPP
Ein Schörlchen in Ehren

KUTUKI

Fragt man Heilbronner nach ihren Lieblingsrestaurants, dann ist das Kutuki so gut wie gesetzt. In der griechischen Taverne kann man einfach richtig gut essen! Vor allem als Fischliebhaber kommst du hier voll auf deine Kosten – die Qualität stimmt und der Geschmack katapultiert dich direkt in den Griechenland-Urlaub. *Di–Sa 17.30–23, So 17.30–22 Uhr | Rollwagstr. 4 | Tel. 07131 80376 | kutuki-heilbronn.de | Bus: Cäcilienstr. | €€ | Westl. Kernstadt | F5*

VELO ★

Frische Küche, kreativ und abwechslungsreich, ganz ohne tierische Zutaten – das vegane Restaurant gehört zu den angesagtesten Locations in Heilbronn. Warum? Weil's schmeckt! Die Karte wechselt regelmäßig, samstags ist Burgertag, die Frühstücksauswahl gehört zu den besten in Heilbronn. *Di–Sa 11.30–14 u. 17–20 Uhr | Eichgasse 14 | Tel. 07131 7905907 | velo-heilbronn.de | S-Bahn/Bus: Rathaus | €€ | Westl. Kernstadt | F5*

PIER 58 FLAMMERIE

Das kleine Restaurant direkt an der Neckarmeile bietet eine Riesenauswahl an herzhaften und süßen Flammkuchen – zum Bestellen hisst

Pier 58: Flammkuchen in jeder Façon

INSIDER-TIPP
Volle Kraft voraus!

du einfach eine kleine Fahne. Bei der Flammkuchen-Rundreise gibt es einen Flammkuchen nach dem anderen, bis nichts mehr reinpasst – geht ein Stück zurück, ist die Rundreise beendet! Im Winter gibt's montags Käsefondue. *Mo–Sa 17–23 Uhr | Untere Neckarstr. 10 | Tel. 07131 5 94 58 15 | pier-58.de | S-Bahn/Bus: Neckarturm | €€ | Westl. Kernstadt | F5*

LA PINSERIA

Die „Pinsa Romana" gilt als die Urform der Pizza. Falls du sie noch nie probiert hast, solltest du das schleunigst nachholen – die knusprige Köstlichkeit ist definitiv eine Sünde wert! Das szenige kleine Lokal serviert Pinsa in allerlei Varianten. *Mo, Mi, Do 12–14 u. 18–22, Fr u. Sa 18–23.30, So 17–21.30 Uhr | Frankfurter Str. 36 | Tel. 07131 1 25 99 20 | lapinseria.de | S-Bahn/Bus: Hauptbahnhof | €€ | Westl. Kernstadt | E5*

EDEL SPEISEN

RATSKELLER ★

Im Gewölbekeller des Historischen Rathauses genießt du schwäbische Spezialitäten und Wildgerichte aus eigener Jagd. Zünftig ist das „Heilbronner Leibgericht": Schweinelendchen mit Pilzrahmsauce, hausgemachten Spätzle, Schupfnudeln und Maultasche. Küchenchef Michael Ochmainski weiß genau, was seinen Gästen schmeckt – schließlich arbeitet er schon seit über 20 Jahren im Ratskeller. *Di–Fr 17.30–22.00, Sa 11.00–22.00, So 11.00–21.00 Uhr | Marktplatz 7 | Tel. 07131 8 46 28 | ratskeller-heilbronn.eu | S-Bahn/Bus: Rathaus | €€ | Westl. Kernstadt | F5*

Kaiserlich japanisch: die Tenno Sushi Lounge

BACHMAIER

Ein Restaurant mit fünf Tischen und schöner Terrasse, schlicht, gemütlich und ganz besonders. Die Bachmaiers führen ihr gastronomisches Kleinod mit viel Freude am Essen, am Wein und an der Gastfreundschaft. Auf der Karte stehen feine, individuell kombinierbare Menüs, kenntnisreich zubereitet aus besten Produkten. Exklusiv, aber nicht abgehoben! *Di–Sa ab 18.30 Uhr, an Feiertagen geschlossen | Untere Neckarstr. 40 | Tel. 07131 6 42 05 60 | restaurant-bachmaier.de | S-Bahn-Bus: Neckarturm | €€€ | Westl. Kernstadt | F5*

MAGNIFICO DA UMBERTO

Edel-Italiener mit Tradition: Seit fast 50 Jahren sorgt die Familie Scuccia mit ihren Restaurants für Dolce Vita in Heilbronn. Im Magnifico erwarten dich kulinarischer Hochgenuss – raffinierte italienische Gerichte modern interpretiert – und ein fantastischer Ausblick aus dem 12. Stock! Zum Familienunternehmen gehören auch die *Trattoria* und die *Osteria da Umberto*. *Di–Sa 19–23 Uhr | Im Zukunftspark 10 (WTZ-Turm) | Tel. 07131 74 56 41 40 | Bus: Wohlgelegen | €€€ | West. Kernstadt | E3*

BEICHTSTUHL ★

„Genuss ist jede Sünde wert" lautet hier das Motto. Die Küche zaubert kleine deutsch-französische Kunstwerke auf deinen Teller und der Service ein breites Lächeln in dein Gesicht. Tolle Idee: Das „Sharing-Konzept" bietet dir ganz offiziell die Möglichkeit, dein Essen zu teilen! *Mo–Sa ab 18, Do u. Fr auch 12–14 Uhr | Fischergasse 9 | Tel. 07131 2 75 89 85 | beichtstuhl-hn.de |*

S-Bahn/Bus: Rathaus | €€€ | Westl. Kernstadt | E5

RESTAURANT REBSTOCK – LA PETITE PROVENCE

Gehobene südfranzösische Menüs, erlesene Weine und ein preisgekrönter Küchenchef. Das kleine Restaurant in Böckingen gehört zum Besten, was Heilbronn aus kulinarischer Sicht zu bieten hat. Im Innenhof kannst du im Sommer draußen speisen. Familie Champroux freut sich auf dich! *Mi–Sa ab 18.30 (nur mit Reservierung!) | Eppinger Str. 43 | Tel. 07131 4 05 43 51 | rebstock-provence.de | Bus: Linie 1,5 Friedrichstraße | €€€ | Böckingen | C6*

TENNO SUSHI LOUNGE ★

Angeblich gibt es im Insel-Hotel ➤ S. 96 das beste Sushi der Stadt – dabei ist Küchenchef Thomas Gödtel nicht einmal Japaner! 2017 tauschte der Ex-Eishockeyprofi die Schlittschuhe gegen scharfe Messer und absolvierte als zweiter Deutscher (neben Stefan Henssler) die renommierte Sushi Academy in Los Angeles. Zurück in Heilbronn verzaubert er seitdem die Liebhaber japanischer Küche. *Mo–Sa 17–22 Uhr | Willy-Mayer-Brücke (im Insel-Hotel) | Tel. 0170 1 83 11 06 | tenno-sushi.de | S-Bahn/Bus: Neckarturm | €€€ | Westl. Kernstadt | E5*

AUF DIE SCHNELLE

WURSTBRATEREI SILZER

Typisch Heilbronn ist sie ja nicht, die Currywurst – oder etwa doch? Die Erfolgsgeschichte der Wurstbraterei Silzer begann 1961 mit der „Röschen Roten", irgendwann gesellten sich Curry und Soße dazu. Aber anders als in der Berliner Heimat der Currywurst blieb man hier der Roten treu. Also doch typisch Heilbronn, diese Wurst! *Mo–Fr 9–19 Uhr | Große Bahngasse 17–20 | Facebook: Wurstbraterei-Silzer | S-Bahn/Bus: Rathaus | € | Westl. Kernstadt | F5*

MICHELS KÜCHE

Die besten Maultäschle der Stadt gibt es nicht in irgendeinem Traditionslokal, sondern „beim Michel" – das behaupten zumindest viele Heilbronner. Doch die schwäbische Snack-Bar kann noch mehr: Beliebt sind die hausgemachten Mini-Semmelknödel und der saftige Schwabenburger. Das Preis-Leistungs-Verhältnis ist phänomenal und auch für Vegetarier ist der Tisch reich gedeckt. *Mo–Fr 11–15 u. 18–20 Uhr, Sa 11–15 Uhr | Gustav-Binder-Str. 3 (Hafenmarktpassage) | Tel. 07131 1 24 36 46 | michels-kueche.de | S-Bahn/Bus: Harmonie | € | Westl. Kernstadt | F5*

MENSA AUF DEM BILDUNGSCAMPUS

Die erst 2020 eröffnete unterirdische und mit einem riesigen Glasdach versehene Mensa kann aus kulinarischer Sicht mit so manchem Restaurant mithalten: Am Buffet erwarten dich Pfannen- und Ofengerichte, eine Salatbar, Desserts u.v.m. Als Nicht-Student zahlst du per Gastkarte. *Mo–Fr 11–14.30, Sa 11–13.30 Uhr | Am Europaplatz, Bildungscampus | Bus: Europaplatz (Ost) | € | Westl. Kernstadt | F4*

BESEN & CO.

Gemütlich, günstig, gesellig – die Besenwirtschaften gehören zum Heilbronner Unterland wie der Neckar und das Käthchen.

In ihren Weinstuben bieten die Winzer ihre Weine und besentypische einfache Speisen an. Die Bewirtung übernimmt meist die Familie, im Gastraum sitzt du mit Einheimischen an einem Tisch. Ob traditionell-rustikal oder modern interpretiert, die Vielfalt der Besen und Weinlokale macht ihren Charme aus – regionaler kann Gastronomie kaum sein!

Schön sind auch die „Heilbronner Weinerlebnisse": Ob „Trollinger mit Aussicht" oder „Schlenderweinprobe" – die Heilbronn Marketing GmbH bietet verschiedene Themenwanderungen, Führungen und Stadtrundfahrten zum Thema Wein an. Immer mit Weinprobe und oft ergänzt durch das ein oder andere kulinarische „Probiererle". *heilbronn.de/tourismus*

WEINPAVILLON

Einmal alles bitte! Ein einfacher Holzpavillon an der Neckarbühne wird im Sommer zum Herzen der Heilbronner Weinkultur. Hier kannst du neben „schwäbischen Tapas" die Weine der lokalen Weingüter verkosten. Betrieben wird der Pavillon von der Wein Villa. *April–Okt. tgl. 16–22 Uhr | Untere Neckarstr. | Tel. 07131 676712 (Wein-Villa) | S-Bahn/Bus: Neckarturm | € | Westl. Kernstadt | F4*

WEINGUT FISCHER

Wie wäre es mit einer kleinen Wanderung? Von der Innenstadt läufst du rund 40 Min. zum Kleinen Stiftsberg. Dort befindet sich das Weingut Fischer, das schon in der neunten Generation von der Familie geführt wird! Richtig gutes Essen, hervorragende Weine und ein modernes Gastro-Konzept mit Specials wie „Wine & Barbecue" machen diesen Besen zu einem der beliebtesten der Region. *Besenzeiten s. Website | Kleiner Stiftsberg 2 | Tel. 07131 17 97 63 | weingut-fischer.de* | € | *Mit dem Auto oder zu Fuß* | 🗺 *G2*

STÖRZBACH BESEN

Lecker, laut und unfassbar gesellig geht es zu im Böckinger Besen. In der „Besencucina" wird mit viel Liebe gekocht, die Speisekarte reicht vom zarten Pfannenschnitzel über das Böckinger Feld'gschrei bis zu den beliebten Besentapas. *Besenzeiten s. Website | Heuchelbergstr. 22 | Tel. 07131 3 39 92 | boeckinger-besen.de* | € | *Böckingen* | 🗺 *C6*

INSIDER-TIPP
Böckingen trifft Spanien

WEIN VILLA ★

Die schicke Alternative! In der historischen Villa Faißt erwarten dich feinste Heilbronner Tropfen und eine anspruchsvolle Speisekarte. Eine spannende Überraschung ist das Degustationsmenü mit Aperitif und korrespondierenden Weinen. Schöne Terrasse im Hof. *Di–Sa 11.30–14 und 17.30–21.30 Uhr (Degustationsmenü nur mit Vorbestellung) | Cäcilienstr. 66 | Tel. 07131 67 67 12 | wein-villa.de | Bus: Cäcilienstr.* | €€€ | *Westl. Kernstadt* | 🗺 *F5*

KÜHNER'S BESEN

Im Frühjahr kommt im „Spargelbesen" die eigene Ernte auf den Tisch, im Herbst gibt's Wildgerichte – vom Wildschwein bis zur Hasenkeule. Acht verschiedene Rebsorten sorgen dafür, dass du ganz sicher deinen Lieblingswein findest. Urgemütlicher Besen! *Besenzeiten s. Website | Ölacker 1 | Tel. 07139 45 23 60 | kuehnersbesen.de* | € | *Neckarsulm* | 🗺 *0*

WEINGUT SCHÖNBRUNN

Auf der Karte des Weinguts Schönbrunn stehen traditionelle Besengerichte wie Salz- oder Kesselfleisch, Schlachtplatte und Rostbraten mit Spätzle. Auch Vegetarier kommen nicht zu kurz. Im Sommer sitzt du im Innenhof gemütlich unter Weinranken. Mehrfach preisgekrönt: der hauseigene Rosé! *Besenzeiten s. Website | Im Petersrain 1 | weingut-schoenbrunn.de* | € | *Erlenbach* | 🗺 *0*

WEINGUT SEYFFER

Die Tradition des Weinguts reicht bis ins Jahr 1650 zurück – der Besen im Hause Seyffer ist dagegen erst rund zwei Jahrzehnte alt. Mehrere Generationen bewirten dich hier mit schwäbischem Herzblut im modern-rustikalen Kellerlokal oder bei schönem Wetter draußen im schönen Weinhof. *Besenzeiten s. Website | Schwabstr. 4 | Tel. 07134 64 39 | weingut-seyffer.de* | € | *Weinsberg* | 🗺 *0*

NECKARGLÄSLE

Urbaner Weinspaziergang! Ob an den Neckartreppen oder auf der Adolf-Cluss-Brücke – das „Neckar-Gläsle" *(0,2 l ab 4 Euro)* erhältst du bei mehreren Gastronomen an der Neckarmeile. Dein Glas kannst du überall auffüllen lassen und auch wieder zurückgeben.

SHOPPEN & STÖBERN

Shopping in Heilbronn – na, warum denn nicht?! Alleine in der Innenstadt warten ca. 400 Geschäfte darauf, dich glücklich zu machen. Neben den großen Ketten sind es vor allem inhabergeführte Boutiquen und kleine Fachgeschäfte, die verführerisch nach deinem Geldbeutel rufen. Ein großer Vorteil der „kleinen" Großstadt sind die kurzen Wege: Hier liegt alles nah beieinander und du kannst deine ganze Energie in der Umkleide loswerden oder dich mit Zeit und Muße dem Aussuchen hübscher Mitbringsel widmen.

Krämerladen mit Kultfaktor – Seifen Reinhardt

Mehrmals im Jahr laden die Heilbronner Einzelhändler zum Nightshopping oder verkaufsoffenen Sonntag ein. Begleitet wird das Einkaufserlebnis von Rahmenprogrammen, wie dem „Heilbronner Lichterzauber" mit illuminierten Fassaden, Stelzenläufern und Feuershows oder „Jazz und Einkauf" mit Pop, Jazz und Swing auf vier Bühnen. Spannende individuelle Geschäfte findest du auch abseits der Innenstadt – vor allem, wenn du weißt, wo du suchen musst. Aber die Heilbronner sind hilfreich und haben immer einen guten Tipp bereit. Also sprich sie ruhig an!

WO HEILBRONN SHOPPT

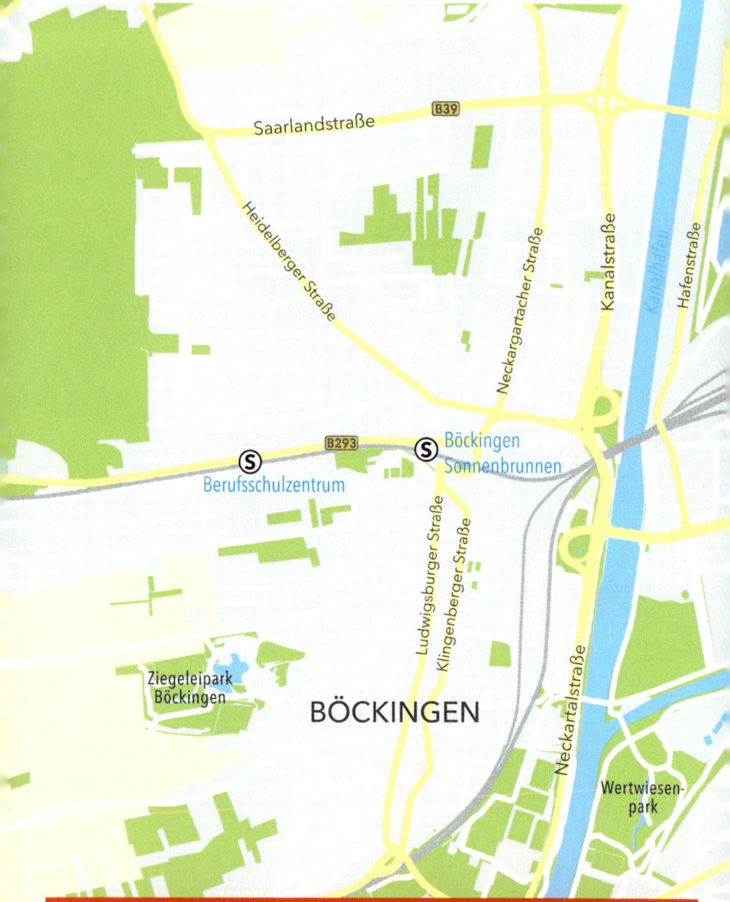

MARCO POLO HIGHLIGHTS

★ **BÄCKEREI EITEL**
Feinkost mit langer Teigführung – Backhandwerk, wie es sein soll ➤ S. 75

★ **HAFENMARKTPASSAGE**
Immerjunger Klassiker unter den Einkaufsmeilen der Stadt ➤ S. 74

★ **LIVA UNVERPACKT**
Nachhaltig einkaufen mit ohne Verpackung – ein Schüsselerlebnis! ➤ S. 76

★ **TIPI**
Stöbern mit Café – schöne Sachen für jeden Geldbeutel ➤ S. 78

★ **SEIFEN REINHARDT**
Viel mehr als Seife, ein Kult-Krämerladen, wie er im Buche steht ➤ S. 79

★ **CHOUCHOU BOUTIQUE**
Französisches Flair am Neckar, mit viel Liebe und noch mehr Geschmack umgesetzt ➤ S. 77

Industriebrücke
Austraße
Industrieplatz
Neckarsulmer Straße
Heilbronn Sülmertor
B27
Fügerstraße
Technisches Schulzentrum
Haller Straße
B39
NECKARBOGEN
Theater
B39
Weinsberger Straße
Liva Unverpackt
Hauptbahnhof/ Willy-Brandt-Platz
Hafenmarkt-Passage
Rathaus
Harmonie/Kunsthalle
Bäckerei Eitel
Friedensplatz
Pfühlpark
Tipi
Harmonie
Finanzamt
Chouchou Boutique
Pfühlpark
Seifen Reinhardt
B27
Oststraße
B293
Wilhelmstraße
Urbanstraße
Südstraße
INNENSTADT
Alles ganz nah – weit schleppen musst du hier nichts!
Sontheimer Straße
Charlottenstraße
Stuttgarter Straße
500 m
547 yd

EINKAUFSZENTREN

HAFENMARKTPASSAGE ★

Die Oma unter den Passagen! Nachdem die Innenstadt im Zweiten Weltkrieg vollständig zerstört worden war, eröffnete 1954 am Hafenmarkt eine der modernsten Ladenzeilen Deutschlands. Nach einem umfassenden Facelift zu Beginn der 1990er-Jahre ist die Passage auch heute noch ein Ort zum Bummeln, Verweilen und Genießen.

Suchst du einen passenden Rahmen für ein besonderes Bild? Die *Galerie Seiler* ist gut sortiert und der Inhaber für seine Kompetenz stadtbekannt. Tolle Möbel aus der eigenen Manufaktur (teilweise aus den Linden der Heilbronner Allee gefertigt) kannst du im *performa concept store* anschauen – und natürlich auch kaufen! Im *Café Passage* ➤ S. 59 gibt es französisches Flair, Café au Lait und angeblich die besten Croissants Deutschlands. Und falls du weitere Superlative brauchst: *Michels Küche* ➤ S. 67 kredenzt die besten Maultaschen der Stadt. Fazit: Hat sich ganz gut gehalten, die Oma!

INSIDER-TIPP
Heilbronn zum Mitnehmen

STADTGALERIE ☂

Groß war der Widerstand vieler Heilbronner gegen die Eröffnung der Stadtgalerie im Jahr 2008. Heute führt kein Weg mehr an ihr vorbei. Zu prominent platziert ist der Konsumtempel zwischen Götzenturm, Deutschhof und Galeria Kaufhof im Zentrum der Stadt, als dass du ihn bei einem Stadtbummel einfach übersehen könntest. Vor allem, wenn das Wetter einmal nicht mitspielt, ist das, was von außen wie ein riesiges U-Boot aussieht, aber gar nicht so verkehrt. Hauptsächlich haben sich hier die großen Ketten angesiedelt, aber auch einige kleinere Betriebe sind vertreten. *Mo–Sa 8–20 Uhr | Deutschhofstr. 19 | stadtgalerie-heilbronn.de | S-Bahn/Bus: Rathaus | Westliche Kernstadt | F5*

WOHIN ZUERST?

Die meisten Geschäfte findest du in der **Innenstadt**, rund um Rathaus und Kilianskirche. In der **Kirchbrunnenstraße** gibt es vor allem inhabergeführte Läden, die **Hafenmarktpassage** lädt zum Stöbern und Genießen ein. Auch zwischen den gastronomischen Angeboten an der **Neckarmeile** hat sich die eine oder andere Boutique niedergelassen.

ANTIK & KUNST

CAMEO KUNSTHANDEL

Du betrittst eine der besten Kunsthandlungen weit und breit! Hier findest du eine große Auswahl an Werken erfolgreicher Künstler und so manchen Geheimtipp, die Beratung vor Ort ist exzellent. Genretechnisch bewegt sich die Galerie hauptsächlich in der modernen Malerei, aber auch Skulpturen sind vertreten. *Di–Fr 10.30–18, Sa 10–14 Uhr | Marktplatz 7 | kunsthandel-cameo.de | S-Bahn: Rathaus | Westl. Kernstadt | F5*

Die Hafenmarktpassage ist Heilbronns Shopping-Klassiker

BLATTGOLD

Kein Juwelier, sondern ein Buchladen! Mitten im Stadtteil Böckingen liegt dieses literarische Kleinod für gebrauchte und antiquarische Bücher. Ein Buch in die Hand nehmen, blättern, daran riechen, querlesen – irgendwie ist das doch etwas anderes, als einfach nur auf „Bestellen" zu klicken. Viel Spaß beim Stöbern! *Do–Fr 14–18, Sa 10.30–14.30 Uhr | Stedinger Str. 57 | blattgold-buchladen.de | Bus: Schuchmannstr. West/Ost, Linien 1,5 | Böckingen | C6*

LECKER & GUT

BÄCKEREI EITEL ★

INSIDER-TIPP
Snack mit Suchtfaktor!

Ein Königreich für ein Speck-Sauerkrautbrötchen! Kaum im Ofen, ist das gute Stück auch schon wieder ausverkauft. Aber nicht nur deshalb steht man bei der Bäckerei Eitel häufig erst einmal in der Schlange – hier wird noch traditionell und mit Herzblut gebacken. Das schmeckt man. *Mo–Fr 8–18, Sa 8–14.30 Uhr | Kirchbrunnenstr. 37 | baeckerei-eitel.de | S-Bahn/Bus: Rathaus | Westl. Kernstadt | F5*

DIE SÜSSE FEE IDEENKONDITOREI

In dieser zuckersüßen Konditorei erwartet dich ein Wunderland aus prachtvollen Torten, liebevoll gestalteten Cupcakes sowie anderen leckeren „Stückle" und Kuchen.

INSIDER-TIPP
Ein Hauch von Wien!

Unbedingt probieren: Die „Feetorte" ähnelt der bekannten Sachertorte, wird aber mit Himbeer- statt Aprikosengelee hergestellt. Herzhafte Quiches mildern den Zuckerschock ein wenig. *Mo–Mi u. Sa 9–14, Do–Fr*

9–18 Uhr | Salzstr. 30 | die-suesse-fee.de | S-Bahn: Industrieplatz | Westl. Kernstadt | F3

BÄCKEREI WIEDMANN

Keine Hochglanzbäckerei, sondern die Heimat von ehrlichem, frischem Backwerk. Die vorzüglichen Rosinenschnecken sind wahrscheinlich die besten und fluffigsten in Heilbronn. Reinbeißen und genießen! *Mo–Fr 5.30–12.30 und 15–18 Uhr (außer Mi), Sa 5.30–12, So 8–11 Uhr | Olgastr. 35 | S-Bahn/Bus Hauptbahnhof | Westl. Kernstadt | E5*

INSIDER-TIPP
Eine Sünde wert!

WINERY

Ohne Wein geht es in Heilbronn nicht! Neben den lokalen Erzeugern hat die Stadt mit der Winery auch einen international außerordentlich gut sortierten Wein- und Spirituosenhandel zu bieten. *Mo–Fr 9–20 Uhr, Sa 9–18 Uhr | Lise-Meitner-Str. 11 | Tel. 07131 591450 | winery-heilbronn.de | Bus: Liniengruppe 60 | Östl. Kernstadt | F8*

GESUND & BIO

BIOMAMMUT

Jagen und Sammeln in einer neuen Dimension! In der Heilbronner Filiale der regionalen Biokette steht dir ein riesiges Sortiment mit 8000 Bioartikeln zur Verfügung. Nur beim namensgebenden Biomammut gibt es seit einiger Zeit Lieferschwierigkeiten … *Mo–Sa 8–20 Uhr | Marktplatz 2 (im Käthchenhof) | biomammut.de | S-Bahn/Bus: Rathaus | Westl. Kernstadt | F5*

LIVA UNVERPACKT ★

Lebensmittel ohne Verpackung – das gab es früher nur in Berlin. Mittlerwei-

Liva unverpackt: nachhaltig einkaufen mit eigener Dose

le hat es die Idee in den Süden geschafft und Linda und Patrick zeigen den Heilbronnern, wie nachhaltiges Einkaufen geht: Tupperdosen, Jutebeutel, Gläser o. Ä. mitbringen (oder vor Ort kaufen), wiegen, befüllen und bezahlen. Einfach, oder? *Mo–Fr 10–19, Do 10–20, Sa 10–16 Uhr | Allee 73 | unverpackt-heilbronn.de | S-Bahn: Theater | Westl. Kernstadt | F4*

BIOGÄRTNEREI UMBACH

Darf's ein bisschen Bio-Chi sein? „Chi" ist Chinesisch für Energie und zum Energiebündel macht dich laut der traditionellen chinesischen Medizin unter anderem die Goji-Beere. Klaus Umbach kultiviert sie im großen Stil und in bester Bioqualität. Beeren und Pflanzen werden direkt vor Ort verkauft. Und als ob das alles noch nicht ungewöhnlich genug wäre, triffst du mit etwas Glück auch auf Alexander Hicks. Der gilt als der größte Chili-Experte Europas, baut im nahen Pfedelbach auf 2000 m² scharfe Chilis an und vertreibt diese mit der Gärtnerei Umbach. Ganz „normale" Zier- und Gemüsepflanzen gibt es aber auch. *Gärtnerei: Di–Fr 14–18, Sa 10–14 Uhr, Klinge 2 (zweite Verkaufsstelle: Pavillon vor Edeka Ueltzhöfer, tgl. 9–18 Uhr, Charlottenstr. 9) | gaertnerei-umbach.de | Bus: Linie 10 Herbert-Hoover-Str. (+10 Min. Fußweg) | Sontheim | F6*

MODE

CHOUCHOU BOUTIQUE ★

Ein bisschen Paris an der Neckarpromenade mit Mode, Schmuck und ganz viel oh, là, là. In der französischen Boutique entstehen neben handgemachtem Schmuck auch Designs für Poster und Taschen. Mit Herzblut, Liebe zum Detail und dem gewissen „Je-ne-sais-quoi"! *Mo–Sa 10–19 Uhr | Obere Neckarstr. 8 | Facebook: chouchouBoutique | S-Bahn/Bus: Neckarturm | Westl. Kernstadt | E5*

SISTERIA SECOND HOME BOUTIQUE

Die Zeiten muffiger Second-Hand-Läden sind endgültig vorbei! Im Sisteria warten hochwertige Einzelstücke in moderner Umgebung auf ihr zweites Zuhause. Ein Laden wie eine Schatzkiste, in dem es neben Kleidung, Schuhen und Handtaschen auch Deko und Antiquitäten zu kaufen gibt. *Di–Fr 10–18 Uhr, Sa 10–16 Uhr | Klostergasse 3 | sisteria.info | S-Bahn/Bus: Rathaus | Westl. Kernstadt | F5*

BOUTIQUE SABINE KEICHER

Wenn ein Mensch seine Berufung findet, kann Großartiges entstehen. Sabine Keicher lebt für ihre Modeboutique und berät dich mit Leidenschaft und Expertise. Kombinationen mit Wow-Faktor, die richtige Farbwahl oder kleine „Figurschmeichel-Tricks" – hier erfährst du, wie es geht. *Mo–Fr 9–18 Uhr, Sa 9–16 Uhr | Kirchbrunnenstr. 16 | sabinekeicher.de | S-Bahn/Bus: Rathaus | Westl. Kernstadt | F5*

LILU KINDERPERLE

In diesem wunderschönen Kindergeschäft fühlst du dich ein bisschen wie im Zirkus – so bunt geht es hier zu. Für kleine Kunden gibt es viel zu entdecken: Kleidung in allen Farben und

Formen, Praktisches für Schule und Kindergarten und Dinge, die einfach nur Spaß machen. Hereinspaziert! *Mo–Fr 10–18, Sa 10–16 Uhr | Kirchbrunnenstr. 18 | Facebook: LiluKinderperle | S-Bahn/Bus: Rathaus | Westl. Kernstadt | F5*

SCHÖN WOHNEN

GERBER22

Glas, Porzellan, Textilien oder Accessoires – stilvolle Deko, das können die beiden Damen von Gerber22. Ungewöhnliche Designs, nachhaltige Stoffe und unzählige wunderschöne Stücke für zu Hause sorgen dafür, dass du dich viel länger in diesem Laden aufhältst, als du eigentlich wolltest. Gut so! *Di–Fr 10–18, Sa 10–15 Uhr | Gerberstr. 22 | gerber22.com | S-Bahn/Bus: Rathaus | Westl. Kernstadt | F5*

TIPI ★

Kein Zelt, sondern ein kunterbuntes Lädchen mit Café. Hier gibt es alles, was du nicht brauchst, aber unbedingt haben willst: Karten, Geschenke, Mitbringsel, Kindersachen, Wohnaccessoires – das Stöbern macht Spaß und zur Erholung gibt es dank In-Store-Konzept Heißgetränke von „Erstmal Kaffee". In der Café-Ecke kannst du auch genervte Reisebegleitungen abgeben – und dich dann wieder entspannt den hübschen Dingen des Lebens widmen. *Di–Sa 10–15 Uhr | Biedermanngasse 15 | tipi-heilbronn.de | S-Bahn/Bus: Neckarturm | Westl. Kernstadt | F5*

INSIDER-TIPP
Ungestört shoppen

KULTIV

Traumhafte Wohnaccessoires, exklusive Kostbarkeiten und originelle Lieblingsstücke. Alles, was dein häusliches Herz begehrt, findest du hier. Beim Bestaunen der liebevoll drapierten Wohnarrangements entstehen die neuen Ideen für die eigenen vier Wände von ganz alleine. Ein kleiner Schritt in den Laden, aber ein großer Schritt zu deinem Wohnglück! *Di–Fr 10–18.30, Sa 10–17 Uhr | Kirchbrunnenstr. 29 | kultiv.de | S-Bahn/Bus: Rathaus | Westl. Kernstadt | F5*

PORZELLAN MARTINA SIGMUND-SERVETTI

Frei gedrehtes Porzellan für jeden Anlass: Ob du mit einem Kaffeegeschirr aus Biskuitporzellan in den Tag startest (klingt lecker, kann man aber nicht essen!), deinen Kuchen auf einem handgedrehten Teller genießt oder dich abends mit stimmungsvollen Leuchten umgibst – die tollen Stücke von Martina Sigmund-Servetti bringen Kunsthandwerk und Muße in dein Zuhause. *Mi 10–18 Uhr u. n. Vereinb. | Kernerstr. 24 | sigmund-servetti.de | S-Bahn: Heilbronn Finanzamt | Östl. Kernstadt | G4*

DIES & DAS

HOBBY EBERHARDT

Ein Muss für jeden Modellbauer und Eisenbahnfan! Das Sortiment ist riesig, du findest alle bekannten Marken und viele Besonderheiten – neu, aber auch aus zweiter Hand. Alle Mitarbeiter kennen sich bestens aus und wenn etwas kaputt ist, werden deine Schät-

Kultiv: Wohnkultur für Fortgeschrittene

ze fix und fachmännisch repariert. *Mo–Fr 9–18.30 Uhr, Sa 9–16 Uhr | Allerheiligenstr. 8 | hobby-eberhardt.de | S-Bahn/Bus: Rathaus | Westl. Kernstadt | F5*

SEEL SCHREIBWAREN

Geschrieben wird immer und zum Glück gibt es gut sortierte Fachgeschäfte, die mit Erfahrung und Service glänzen – im Hause Seel tut man das schon seit 1837. Schreiben, basteln, zeichnen, malen – alles, was du dafür brauchst, findest du hier. Eine riesige Auswahl an Karten sorgt dafür, dass du für jeden Anlass gewappnet bist. *Mo–Sa 10–18 Uhr | Am Wollhaus 6 | seel-heilbronn.de | S-Bahn/Bus: Rathaus | Westl. Kernstadt | F5*

SEIFEN REINHARDT ★

Alles begann im Jahr 1893 – da meldete der Seifensieder Robert Bessmer seine selbst hergestellten Seifen und Waschpulver unter dem Namen „Schneehaase" beim Patentamt an. 1908 verkaufte er sein Unternehmen an David Reinhardt und neben Reinigungsmitteln fanden im Laufe der Jahrzehnte auch Bohnerwachse und Schuhcreme ihren Weg ins Sortiment. Ältere Heilbronner erinnern sich – ab 1975 war man gar mit einem „Rollenden Kaufhaus" im Heilbronner Landkreis unterwegs. Heute ist Seifen Reinhardt ein Krämerladen, wie er im Buche steht, und absoluter Kult in Heilbronn. Zur Auswahl stehen Haushalts- und Gartenartikel in guter Qualität und natürlich die „Reinhardtsche Kernkompetenz": Seife en masse. *Mo–Sa 8.30–12.30 Uhr | Bismarckstr. 72/2 | seifen-reinhardt.de | S-Bahn: Finanzamt | Östl. Kernstadt | G5*

INSIDER-TIPP
Viel mehr als Seife!

AUSGEHEN & FEIERN

Auch in einer „kleinen Großstadt" kannst du die Nacht zum Tag machen! Kühle Drinks, heiße Beats und gute Gespräche sind die Zutaten für einen gelungenen Abend mit alten Freunden oder neuen Bekanntschaften.

Eine klassische Ausgehmeile gibt es in Heilbronn nicht, die Bars und Kneipen liegen in der ganzen Stadt verteilt. Zum Glück sind die Wege kurz. Ob es also zu später Stunde zum Tanzen in den Club geht oder du deiner Lieblingstheke bis in die Morgenstunden treu bleibst, kannst du ganz spontan nach Lust und Laune entscheiden.

Creme 21 – topmoderner Club und klassische Feierlocation

Wenn du dich für Theater und Kabarett interessierst, solltest du dich rechtzeitig um Tickets kümmern: Von der Kellerbühne bis zum Theaterschiff bietet Heilbronn eine breite Auswahl an Spielstätten. Diese sind auch bei den Heilbronnern sehr beliebt und erfolgreiche Produktionen daher schnell ausverkauft. Wie du deine Abende auch verbringst – ob mit Schauspiel oder Livemusik, Cocktails oder Kleinkunst, ob du den Tanzbären rauslässt oder lieber im Strandkorb chillst – langweilig wird es dir in Heilbronn sicher nicht und auch neue Kontakte knüpfst du hier in Nullkommanichts!

WO HEILBRONN AUSGEHT

MARCO POLO HIGHLIGHTS

★ ALTES THEATER
Bühne frei für zauberschöne Kulturabende vor historischer Kulisse. Traumtheater mit Geschichte und einer unvergleichlichen Atmosphäre. ➤ S. 86

★ THEATERSCHIFF
Kultur im Fluss! Theater und Kleinkunst, Komödie und Kabarett an Bord eines ehemaligen Frachtschiffs ➤ S. 87

★ OPEN-AIR-KINO
Sonne, Mond und Sterne – ein relaxter Sommerkinoabend mit Weingarten und den cineastischen Leckerbissen des Kinojahres ➤ S. 87

★ GARTENLAUBE
Kult as Kult can – die Laube zeigt seit über 35 Jahren, dass die einfachsten Feierläden oft die besten sind ➤ S. 88

★ CLUB KAISER SKYBAR
Klasse Location, klasse Aussicht, klasse Sushi – und das alles im historischen Turm einer ehemaligen Kaffeerösterei ➤ S. 88

★ HIP ISLAND
Chilliger City-Beachclub im Industriehafen – *Südsee-Sehnsucht-stillend* mit viel Sand und leckeren Cocktails ➤ S. 88

BARS

SUPERBUDE

Super Hotdogs, super Bier, super Limo, Superbude! Javier Martinez' Laden ist eine Mischung aus Hamburger Szenekneipe und Kiosk. Hier gibt's Filterkaffee statt „Flat White Soya Moccaccino" und seltene Limosorten, die du dir einfach aus dem Kühlschrank holst. Kein Firlefanz, dafür umso mehr Spaß. Drinnen wird gespielt, draußen gejammt und der sympathische Besitzer sorgt für allzeit gute Laune. *Mo–Do 12–23, Fr u. Sa 12–1 Uhr | Lohtorstr. 4 | Tel. 0171 7837147 | Facebook: SuperBude | S-Bahn/Bus: Rathaus | Westl. Kernstadt | F5*

OLD FASHIONED

Noch gar nicht sooo alt, aber dennoch ein Klassiker unter den Cocktailbars der Stadt. Nicht der günstigste Laden, aber wenn du es besonders gut geschüttelt oder gerührt magst, findest du hier dein Glück. „Old Fashioned" ist übrigens der Name eines klassischen Whiskey-Cocktails. Den gibt's hier natürlich auch! *Di–Do 19–0, Fr, Sa 19–2 Uhr | Marktplatz 11 | Facebook: oldfashionedcocktailbarheilbronn | S-Bahn/Bus: Rathaus | Westl. Kernstadt | F5*

INSIDER-TIPP
Signature-Drink!

WOHIN ZUERST?

Ein gediegener Start in den Abend beginnt mit einem *NeckarGläsle* am *Weinpavillon*. Danach schlenderst du die **Neckarmeile** entlang Richtung Innenstadt. Wie wäre es anschließend mit einem aussichtsreichen Cocktail im *Club Kaiser Skybar*? Dort kann man durchaus auch den Rest des Abends verbringen. Oder du springst in den Bus Richtung **Böckingen** und feierst in *Gartenlaube* oder *Pfläumli*, was die Tanzschuhe hergeben.

DATA 77112

Ein bisschen alternativ, ein bisschen extravagant und sehr bunt – hier ist es wirklich schön! Beim Feiern oder Zusammensitzen in der entspannten Wohnzimmeratmosphäre kommst du schnell mit anderen Gästen ins Gespräch. *Do 19–23, Fr, Sa 20–1 Uhr | Schulgasse 15 | Facebook: DataBar77112 | S-Bahn/Bus: Harmonie | Westl. Kernstadt | F5*

PEARLS & DIAMOND

Eine Cross-over-Location im besten Sinne! Morgens gibt's ausgezeichnetes Frühstück und in den Abendstunden wird das Pearls zur angesagten Lounge. Wenn du auf professionell gemixte Drinks stehst, dann bist du hier also absolut richtig. Das Pearls & Diamond ist dem Design-Hotel TraumRaum ➤ S. 96 angeschlossen. *Bahnhofstr. 31 | pearls-diamond.de | S-Bahn/Bus: Hauptbahnhof | E5*

EMMA 23

Die Barkultur in der Salzstraße 23 hat eine lange Tradition und schon mehrere Höhen und Tiefen erlebt. Das Lokal gibt es in dieser Form seit 2017, es lebt von der Liebe zum (alternativen) Detail: Bunte Farben, Lichtschläuche, ein Tischkicker und das eine oder andere Skelett erinnern an Mexiko. Namenspatronin ist Emma Goldman – eine Friedens- und Frauenaktivistin aus dem 19. Jh. *Do, Fr 19–1, Sa 19–3 Uhr | Salzstr. 23 | Facebook: Bar EMMA23 | S-Bahn/Bus: Sülmertor | Westl. Kernstadt | ◫ F3*

HARTMANN'S

Gerade mit dem Zug angekommen und Lust auf ein Bier oder einen Kaffee in entspannter Atmosphäre? Das Hartmann's gehört zu den beliebtesten Bars in Heilbronn und liegt nur fünf Gehminuten vom Hauptbahnhof entfernt. Dich erwartet ein gemütliches Lokal mit guter Bier-, kleiner Speisenauswahl und vielen Sitzplätzen im Freien. Perfekt für einen lauen Sommerabend! *Mo–Do 10–2, Fr–So 10–3 Uhr | Holzstr. 14 | Facebook: hartmannscafebar | S-Bahn/Bus: Hauptbahnhof o. Neckarturm | Westl. Kernstadt | ◫ E5*

LIBERTÉ CAFÉ ET BAR

Einen Apérol mit Aussicht, bitte! Sehen und gesehen werden, das funktioniert im Liberté am Marktplatz wie an kaum einem anderen Ort in der Stadt. Tagsüber nimmst du drinnen einen „Thekenespresso", draußen fühlst du dich wie in einem Pariser Straßencafé. Mit etwas Glück gibt's die Unterhaltung kostenlos dazu: Von hier aus hast du den besten Blick auf Brautpaare, die nach dem Verlassen des Rathauses von ihren Freunden gefeiert werden. Abends wird das Liberté zur angesagten Bar für einen Absacker oder ein Feierabendbier mit mediterranem Flair. *Mo–Do 9–1, Fr–Sa 9–2, So 12–0 Uhr | Marktplatz 11 | Facebook: Liberté-Café-et-Bar | S-Bahn/Bus Rathaus | Westl. Kernstadt | ◫ F5*

INSIDER-TIPP
Unbemerkt beobachten

Modern und vielseitig: das Pearls & Diamond

JÄKBAR & MOJÄK GALERIE

Mal was anderes: In dieser sehr lässigen Bar gibt es neben leckeren Drinks und Tapas auch eine kleine Kunstgalerie mit wechselnden Ausstellungen. Kaufen kannst du außerdem handgefertigten Schmuck und Accessoires. Ein besonderer Ort für kunstinteressierte Genießer! *Mi–Do 17–23, Fr–Sa 17–1 Uhr | Frankfurter Str. 20 | Facebook: Jaekbar | S-Bahn/Bus: Hauptbahnhof | Westl. Kernstadt | ◫ E5*

INSIDER-TIPP
Drink trifft Kunst trifft Schmuck!

THEATER & KINO

THEATER HEILBRONN

Das erste Haus am (Berliner) Platz! Vielfalt ist Trumpf: Zur Wahl stehen eigene Produktionen sowie Gastspiele aus den Sparten Schauspiel, Musiktheater, Tanz und Komödie. Als zweite Spielstätte dient das *Komödienhaus* im K3. Die BOXX ist die Spielstätte des *Jungen Theaters Heilbronn*. Hier bringt auch das Kinder- und Jugendtheater *Radelrutsch* (*radelrutsch.de*) selbst kreierte Stücke auf die Bühne. Die agile Truppe ist auch mit einer mobilen Bühne unterwegs: Highlights sind das Festival „Tanz! Heilbronn", das Figurentheaterfestival „Imaginale" und die Aufführungen des Weihnachtsmärchens. *Berliner Platz 12 | Tel. 07131 56 30 01 | theater-heilbronn.de | S-Bahn/Bus: Theater | Westl. Kernstadt | F4*

KULTURKELLER

Heilbronns älteste Kleinkunstbühne hat ihren ganz eigenen Charme: Neben vielen Gastkünstlern spielt sich das hauseigene Theaterensemble seit 1989 quer durch alle Genres. Seit 2017 sorgt das Kabarattensemble „Heilbronner Leibgerücht" mit einem augenzwinkernden Blick auf Heilbronn für Lachtränen. Ein Genuss für Augen und Ohren! *Gartenstr. 64 | Tel. 07131 67 91 89 | kulturkeller.de | S-Bahn/Bus: Theater | Westl. Kernstadt | F4*

INSIDER-TIPP
Perspektive wechseln

ALTES THEATER

Die Wurzeln des Alten Theaters reichen bis ins 17. Jh. zurück! Bekannt wurde das Haus durch seinen Theatersaal mit dimmbarem Sternenhimmel im Stil der großen Varietéhäuser der

Theater Heilbronn: Mehrspartenhaus mit Tradition

goldenen 1920er-Jahre. Varieté gibt es hier nur noch selten, dafür besondere Theaterproduktionen, Livemusik und Comedy. Zum Haus gehört auch das *Hotel Altes Theater* ➤ S. 96. *Lauffener Str. 2 | Tel. 07131 5 92 20 | altes-theater-heilbronn.de | Bus: Liniengruppen 30 u. 40 Staufenbergstr. | Sontheim | 🕮 C8*

THEATERSCHIFF ★

Ein umgebautes Frachtschiff wird zur Bühne – willkommen auf dem ersten Theaterschiff Deutschlands! In See gestochen wird nicht, aber Tickets für die Theateraufführungen, Lesungen und Konzerte auf dem Neckar sind heiß begehrt – schnell sein lohnt sich. *Tickets über Tourist-Info (Tel. 07131 56 22 70), Abendkassenhandy: 0173 5 37 10 40 | Obere Neckarstr. 31 | theaterschiff-heilbronn.com | S-Bahn/Bus: Neckarturm | Westl. Kernstadt | 🕮 E5*

LE CAFE THEATRE

Im Kaffee- und Teehaus Hagen ➤ S. 58 gibt es zwei bis drei Mal in der Woche abends Kabarett, Konzerte, Lesungen, Musicals oder Theaterproduktionen. Im Sommer findet das Kulturprogramm bei schönem Wetter im Freien statt. *Christophstr. 13 | Tel. 07131 1 55 54 24 | cafetheatre.de | S-Bahn/Bus: Industrieplatz | Westl. Kernstadt | 🕮 F3*

HARMONIE

Die Harmonie gehört zu den bedeutendsten Konzert- und Veranstaltungsstätten der Region. Die Akustik in dem riesigen Saal ist legendär, entsprechend geben sich hier auch viele renommierte internationale Künstler die Klinke in die Hand. *Tickets z. B. bei eventim.de | Allee 28 | Tel. 07131 56 22 71 | heilbronn-harmonie.de | S-Bahn/Bus: Harmonie | Östl. Kernstadt | 🕮 F5*

K3

Kaufen, Kino und Kultur, das ist das Motto im K3. Das *Komödienhaus (Tel. 07131 56 30 01 | theater-heilbronn.de)* ist ein elegantes Logentheater mit über 300 Plätzen. Hier zeigt das Theater Heilbronn Unterhaltung für die Lachmuskeln – vom klassischen Lustspiel bis zur rabenschwarzen Komödie. Im *Cinemaxx Kino (cinemaxx.de)* werden neben dem aktuellen Kinoprogramm auch hochkarätige Opern- und Ballettaufführungen übertragen. Seit fast 20 Jahren präsentieren sich im Liveclub *ebene 3* nationale und internationale Bühnenkünstler. Das musikalische Niveau ist hoch, dazu gibt's leckere Cocktails. *Berliner Platz 12 | Tel. 07131 2 79 48 80 | k3-heilbronn.de | S-Bahn/Bus: Theater | Westl. Kernstadt | 🕮 F4*

OPEN-AIR-KINO ★

Kinobesuch oder Kurzurlaub in den Sommerferien? Natürlich beides! Im Optimalfall bist du rund 2 Stunden vor dem Vorstellungsbeginn da, reservierst dir den perfekten Platz, isst eine Kleinigkeit im Weingarten, entspannst danach im Liegestuhl und genießt dann ganz relaxt den Film. *Aug./Sept. | Binswanger Str. 150 | Tel. 0171 3 19 23 4 17 | open-air-kino-heilbronn.de | Anfahrt mit dem Auto | Erlenbach | 🕮 H1*

KINOSTAR ARTHAUS

Das kleine Kino im Marrahaus scheint ein bisschen aus der Zeit gefallen und ist dabei urgemütlich. Gezeigt werden anspruchsvolle aktuelle Filme, kultige Klassiker sowie Live-Übertragungen von Oper und Ballett. Wenn du experimentierfreudig bist, gönne dir eine Tüte Zimtpopcorn! Dienstags Kinotag! *Kirchbrunnenstr. 3 | Tel. 07131 6 42 22 22 | kinostar.com | S-Bahn/Bus: Neckarturm | Westl. Kernstadt | F5*

INSIDER-TIPP
Mit Zimt und Zucker

MUSIK & FEIERN

GARTENLAUBE ★

Rock bis Schlager in verschiedenen Themenhütten! Die „Laube" ist seit über 35 Jahren Kult und weit über die Grenzen Heilbronns bekannt. Im Sommer mit schönem Außenbereich samt Sandstrand. Der Eintritt ist frei. *Fr, Sa u. vor Feiertagen 21–4 Uhr | Viehweide 13 | gartenlaube.com | Bus: 1, 5 Jäkleinstr., N2 Gartenlaube | Böckingen | D7*

PLAN B

Alternativer, gemütlicher Rockschuppen mit Tischkicker und Kinostühlen. Ab und zu Livekonzerte. Nichtraucher aufgepasst: Hier darf noch geraucht werden. *Di–Do 20–3, Fr–Sa 20–5 Uhr | Gemmingergasse 3 | Facebook: Plan BdieBar | S-Bahn/Bus: Harmonie | Westl. Kernstadt | F5*

PREDIGER – DRINKS & CIGARS

Der Name ist Programm! Hier gibt es aber nicht nur hervorragende Cocktails und Zigarren, sondern auch häufig Livemusik und witzige Mottopartys. Der Prediger ist Kult und für Stammgäste gilt das „11. Gebot: Du sollst keine Bar neben mir haben." *Di–Do 20–1.30, Fr–Sa 20–3.30 Uhr | Schellengasse 16 | predigerbar.de | S-Bahn/Bus: Harmonie | Westl. Kernstadt | F4*

PFLÄUMLI LIVECLUB

Tolle Livemusik von überwiegend regionalen Bands und ein Club für jedes Alter. Aus dem holzbefeuerten Steinofen kommen Pizza, Flammkuchen und leckere Pasta „al Forno". *Fr, Sa u. vor Feiertagen 20–2.30 Uhr | Neue Str. 30 | pflaeumli.de | Bus: 1, 5 Jäkleinstr., N2 Gartenlaube | Böckingen | D6*

CLUB KAISER SKYBAR ★

Stilvoll feiern über den Dächern Heilbronns! 1933 wurde der 45 m hohe Kaiser's-Turm gebaut. Wo seinerzeit Kaffee geröstet wurde, ist heute viel Platz, um legendäre Nächte zu verbringen. Ein bisschen Industriecharme ist geblieben und wurde geschickt in das moderne Loft-Design integriert. Ausgefallene Cocktails, leckeres Sushi, ein rauchiger Whiskey mit Zigarre, dazu coole Beats – die Partynacht kann beginnen! *Tägl. ab 17 Uhr | Gottlieb-Daimler-Str. 9 d | clubkaiser.de | S-Bahn/Bus: Harmonie | Westl. Kernstadt | E3*

HIP ISLAND ★

Es gibt kein Meer in Heilbronn, es gibt kein Meer ... Aber einen Strand! Auf 1500 m² kannst du im Liegestuhl chillen, Cocktails schlürfen und dir die Karibik herbeiträumen. Natürlich gibt's auch was für Foodies, und abends ist Party angesagt. *Mo–Sa 16–2 Uhr, So 14–2 Uhr (nur im Sommer geöffnet) | Hafenstr. 17 | hip-island.de | Bus: 12, 8 Hafenamt | Westl. Kernstadt | 🕮 D4*

GREEN DOOR

Legendäre Partylocation am Stadtrand mit fancy Lichtdesign, Discokugeln und tollem Außenbereich. Abwechslungsreiches Party- und Musikprogramm von House und Hip-Hop über R' n' B bis Charts. *Tägl. 17–4 Uhr | Charlottenstr. 190 | Facebook: GreenDoor THECLUB | Bus: 5, 61 Hochschule | Sontheim | 🕮 E8*

JAZZCLUB CAVE 61

Das Cave 61 gehört zu den ältesten Jazzclubs Deutschlands und residiert seit einigen Jahren im Alten Theater in Sontheim. Sehr hochwertiges Musikprogramm mit international erfolgreichen Künstlern! *An Konzerttagen (donnerstags): Einlass ab 18.30 Uhr, Konzertbeginn 20 Uhr | Lauffener Str. 2 | cave61.de | Bus: Liniengruppen 30 u. 40 Staufenbergstr. | Sontheim | 🕮 C8*

MUSIKPARK HEILBRONN

Es gibt sie noch, die großen Discos! Auf drei Floors tanzt und feierst du zu verschiedenen Musikrichtungen von Hip-Hop bis Pop-Classics. Jede Woche finden Specials statt. Der Eventkalender ist immer prall gefüllt, auch mit dem einen oder anderen Livegig. *Do–Sa u. vor Feiertagen ab 22 Uhr | Gottlieb-Daimler-Str. 9d | musikparkheilbronn.de | Bus: Europaplatz | Westl. Kernstadt | 🕮 E3*

MOBILAT CLUB

Angenehm schnörkelloser Kellerclub mit zwei Floors. Musik von Soul über Britpop bis Indie, dazu eine Livebühne mit Musik- und Theaterprogramm. *Do 20.30–1, Fr, Sa 22.30–5 Uhr | Salzstr. 27 | mobilat.club | S-Bahn/Bus: Industrieplatz | Westl. Kernstadt | 🕮 F3*

CREME 21

Topmoderner Club für ein feierfreudiges Publikum. Von aktuellen Hits über 90er-Mucke bis zu hartem Techno – schwing das Tanzbein und huldige der Discokugel! Draußen entspannst du bei lässigen Beats im Feuerschein. *Lichtenbergerstr. 17 | creme21derclub.de | S-Bahn/Bus: 31 Großkraftwerk Ost | Westl. Kernstadt | 🕮 E1*

Club Kaiser Skybar: Der Name ist Programm

AKTIV &
ENTSPANNT
Klettervergnügen im Alpinzentrum des Deutschen Alpenvereins

SPORT, SPASS & WELLNESS

RADELN

Ob Rennrad oder Citybike – mit dem Fahrrad erkundest du die Region in deinem eigenen Tempo. Besonders hohe Berge gibt es hier nicht, deshalb eignen sich die meisten Fahrradstrecken auch für untrainiertere Waden (im Zweifel hilft ein E-Bike). Durch Heilbronn verlaufen mehrere überregionale Radwege. *heilbronnerland.de*

LAUFEN

Im Stadtwald sind zwei Laufstrecken mit 5 bzw. 10 km Länge sowie ein 2,4 km langer Sportpfad mit verschiedenen Stationen und Geräten ausgeschildert. *Start/Ziel: Wanderparkplatz Gaffenberg | heilbronn.de | H7*

Wenn du die Herausforderung suchst: Beim Trollinger Marathon Anfang Mai läufst du mitten durch Deutschlands größtes Rotweingebiet. Jeder Teilnehmer erhält eine Flasche Trollinger als Präsent und auch an den Verpflegungsstellen gibt's nicht nur Isotonisches! *trollinger-marathon.de*

SCHWIMMEN

Keine Ausreden! Mehrere Bäder ermöglichen dir das Schwimmen zu jeder Jahreszeit. „Urlaub daheim" verspricht das *Freizeit- und Solebad Soleo*, das auch Saunafreunden viel bietet *(Bad: 6,30 Euro/Tag, Sauna: 18 Euro/Tag | Untere Neckarstr. 21 | heilbronner-baeder.de | F4)*. In Neckarsulm lockt das *AQUAtoll Freizeitbad* große und kleine Wasserratten ➤ S. 104. Das ultimative Bade- und Saunaerlebnis gibt's eine halbe Autostunde entfernt in der *Thermen- und Badewelt Sinsheim* ➤ S. 102.

GLEITEN UND KRAXELN

Ein klassischer Wintersportort ist Heilbronn ja nicht – in der Kolbenschmidt Arena kann man das aber schon mal vergessen. Das Eishockeystadion lädt

Freizeitparadies Neckarufer

zum Schlittschuhlaufen und Pirouettendrehen ein. Samstags ist Eisdisco! *Mitte Sept.–Mitte März | Eintritt 4–6 Euro, Familien: 18 Euro | Im Hospitalgrün 2 | stadtwerke-heilbronn.de | S-Bahn: Theater | E4*

Du bewegst dich lieber in der Vertikalen? Klettern kannst du am 16 m hohen Outdoor-Kletterturm oder in der Boulderhalle des *Alpinzentrums (Mo–Fr 10–23, Sa u. So 10–20 Uhr | Lichtenbergerstr. 17 | Bus: Linie 32 Großkraftwerk | E1)*. Für Felsliebhaber geht's nach Böckingen: Der spektakuläre Kletterturm sieht dank Spritzbeton wie ein riesiger Felsen aus. *(Viehweide 20 | dav-heilbronn.de | D7 | Bus: Linie 1 Jäckleinstr. West)*. Auch auf dem BUGA-Gelände ➤ S. 40 gibt es einen Kletterfelsen.

SCHNITZELJAGD

Elemente aus dem Escape Room und der Augmented Reality kombiniert *Anomalie Escape* zu einem spannenden Outdoorabenteuer. Bei schlechtem Wetter stellen euch Indoor-Exit-Spiele vor spannende Teamaufgaben. Adrenalin pur! *Termin vorab buchen | Bismarckstr. 6 | anomalieescape.de | S-Bahn: Harmonie | F5*

UND ZUR ENTSPANNUNG?

Gegen Muskelkater und Alltagsstress hilft ein Besuch im *Pascha Hamam*. Nach einem Aufenthalt im Kellerdampfbad, gefolgt von einer Honigmassage, bist du bereit für neue Abenteuer. *Karlstr. 45 | Tel. 07131 8987131 | paschahamam.de | S-Bahn: Harmonie | F5*

Doch ein bisschen wie auf Wolken fühlt du dich nach einem Besuch in der Wolkenlos MassageLounge garantiert. Die Inhaberinnen verstehen ihr Handwerk! *Weinsberger Str. 52 | Tel 0170 6062632 | wolkenlos-hn.de | Bus: Karmeliterstr. | G4*

FESTE & EVENTS

Die Heilbronner feiern gut, gerne und entsprechend oft: Pferde, Töpfe, Käthchen, Italien und natürlich der Wein dienen beispielsweise als Anlass für ein gediegenes „Festle". Aber auch kulturell und sportlich hat die Stadt einiges zu bieten.

FEBRUAR

Pferdemarkt: Traditionsmarkt aus dem 18. Jh. Es gibt Skurriles, Praktisches und Antiquarisches zu bestaunen und zu erwerben. Höhepunkt ist die Pferdeprämierung am letzten Tag! *Konzert- und Kongresszentrum Harmonie | pferdemarkt-heilbronn.de*

APRIL

Käthchenwahl: Weinkönigin kann jeder, Heilbronn bleibt beim Käthchen! Bei kleinen Wettbewerben präsentieren sich alle zwei Jahre die Kandidatinnen der Jury und dem Publikum. *kaethchenwahl.de*

MAI

Trollinger-Marathon: Laufveranstaltung durch Deutschlands größtes Rotweingebiet. Für Kinder gibt's den Mini-Trolli. *trollinger-marathon.de*

Klassik Open Air: Freier Eintritt unter freiem Himmel: Orchester und Musikgruppen aus Heilbronn präsentieren ein unterhaltsames Konzertprogramm. *Kiliansplatz | heilbronn.de*

JULI

Kinderfest: Der Wertwiesenpark verwandelt sich für einen Tag in ein großes Spieleparadies. *Wertwiesenpark | heilbronner-kinderfest.de*

Viel & Draußen Festival: Vom Open-Air-Poetry-Slam über Pop- und Rock-Newcomerbands bis zu Metal- und Hardrockbands. *Innenhof Wilhelm-Waiblinger-Haus | vud-festival.de*

★ **Volksfest:** Rund 100 Attraktionen und ein buntes Programm aus Tradition, Genuss und Party. Im Festzelt

Botschafterinnen für die Stadt: die Heilbronner Käthchen

gibt's knusprig gegrillte Göckele und frisch gezapftes Volksfestbier. *Theresienwiese | goeckelesmaier.de*

AUGUST

★ **NeckarFestival:** „Ach, was war das schön!" In Erinnerung an die BUGA und in Nachfolge des Neckarfests findet alle zwei Jahre das NeckarFestival statt. Drei Tage Show, Musik und Mitfeiern zu Wasser und zu Lande. *BUGA-Gelände | heilbronn.de*

SEPTEMBER

Italienischer Markt: Dolce Vita auf der „Piazza Kilian". Antipasti, Wein und Urlaubsgefühle sind garantiert. *Kiliansplatz | italienischer-markt.de*

★ **Weindorf:** 400 Weine und Kulinarisches rund um das historische Rathaus. Livemusik, besondere Stadtführungen – ein Highlight im Veranstaltungskalender! *Innenstadt | weindorf-heilbronn.de*

Weinlesefest: Traditionelles Winzerfest am Wartberg mit Weinwanderung, Gottesdienst und buntem Kulturprogramm. *Wartberg | heilbronn.de*

OKTOBER

Jazz & Einkauf: Ohrenschmaus und Einkaufsvergnügen! Dich erwarten hochkarätiger Jazz, Pop, Swing und Loungemusik vom Feinsten. *Innenstadt | mein-heilbronn.de*

NOVEMBER/DEZEMBER

Lichterzauber: Leuchtkegel, illuminierte Fassaden, Stelzenläufer und Feuershows versetzen die Stadt in stimmungsvolle Atmosphäre. *Innenstadt | heilbronn.de*

Käthchen Weihnachtsmarkt: Bummeln zwischen Lichterglanz und Lebkuchen, Glühwein und Kunsthandwerk. *Von Ende Nov. bis kurz vor Weihnachten | Innenstadt | weihnachtsmarkt-heilbronn.de*

SCHÖNER SCHLAFEN

AB AUF DIE INSEL

Das erste Haus am Platz, und das seit über 60 Jahren. Das *Insel-Hotel (125 Zi. | Willi-Mayer-Brücke | Tel. 07131 6300 | insel-hotel.de | S-Bahn/Bus Neckar Turm | €€€ | Westliche Kernstadt | E5)* mitten im Neckar ist ein echtes Heilbronner Original. Tolles Haus für Gäste mit Ansprüchen und entsprechendem Portemonnaie!

QUIETSCHEBUNT

Ein Hotel, das aussieht wie durch den Farbkasten gezogen! Die Wohnwelten im *Hotel Altes Theater (10 Zi. | Lauffener Str. 2 | Tel. 07131 59220 | hotel-altes-theater-heilbronn.de | Bus 31–33, 41, 42 Ackermann | €€ | Sontheim | C8)* beamen dich auf Wunsch ans Meer, in den Orient oder in den Dschungel. Kreative Seelen schlafen im Theater- oder Schreiber-Zimmer. Wo möchtest du morgen gerne aufwachen?

VOLL VERTRÄUMT

… aber gar nicht verschnarcht! Das *Design-Hotel TraumRaum (21 Zi. | Bahnhofstr. 31 | Tel. 07131 5919240 | hotel-traumraum.de | S-Bahn/Bus Hauptbahnhof | €€€ | Westliche Kernstadt | E5)* ist die hippste Bleibe der Stadt. Wenn du es gerne individuell liebst, bist du hier richtig: Jeder Raum spiegelt eine große Metropole oder auch mal eine Insel wider. Von HN direkt nach New York – oder doch lieber nach Honolulu? Du hast die Wahl.

SCHLAF UND FRÜHSTÜCK

… das gibt's im *B&B-Hotel Heilbronn (95 Zi. | Mozartstr. 24 | Tel. 07131 74960 | hotelbb.de/heilbronn | S-Bahn/Bus Hauptbahnhof | € | Westliche Kernstadt | E5)*. Ganz unprätentiös, aber modern, stilsicher und in entspannter Atmosphäre. Das Frühstücksbuffet macht dich fit für den Tag, für kleine Gäste wird ein Kinder-

Willkommen in Marrakesch: Themenzimmer im Design-Hotel TraumRaum

frühstück angeboten. Familienzimmer sind vorhanden. Die Lage nahe dem Hauptbahnhof ist perfekt für Bahnreisende.

HALLO GEPARD

Ist das jetzt Afrika oder Japan? Nein, du bist im Heilbronner Villenviertel! Das *Hotel Park Villa (25 Zi. | Gutenbergstr. 30 | Tel. 07131 957 00 | hotel-parkvilla.de | S-Bahn Heilbronn Friedensplatz | €€ | Östliche Kernstadt | ▯ G6)* ist alles andere als gewöhnlich: In der ehemaligen Fabrikantenvilla von 1912 schläfst du in individuell gestalteten Gästezimmern. In ruhigen Minuten schaust du im Park den Kois beim Bahnenschwimmen zu oder du besuchst die zahmen Geparden, die Familie Gaupp seit Jahrzehnten aufnimmt, wenn sie woanders nicht mehr bleiben können.

INSIDER-TIPP
Hotel mit Haustier!

BETT UND BESEN

Eigentlich sind Besenwirtschaften ja nicht zum Übernachten gedacht. Auf dem *Weingut Alexander Bauer (20 Zi. | Spitzwegstr. 15/1–17 | Tel. 07131 57 03 74 | bauer-weingut.com | €€ | Sontheim | ▯ D8)* ist das anders: Hier erwarten dich nicht nur hausgemachter Wein und Leckereien aus der Winzerküche, sondern auch moderne und liebevoll gestaltete Gästezimmer.

NIGELNAGELNEU

Das Parkhotel Heilbronn *(172 Zi., 2 Suiten | Gartenstr. 1 | Tel. 07131 38 22 00 | parkhotel-heilbronn.de | S-Bahn/Bus: Harmonie | €€€ | Östliche Kernstadt | ▯ F5)* öffnete 2020 seine Türen im Zentrum der Stadt. Die Highlights: ein klasse Wellness- und Spa-Bereich, die Hausbrauerei mit Biergarten, ein Pop-up-Restaurant mit Showküche, die SKYBAR in 42 m Höhe … und das nachhaltige Energiekonzept!

HEILBRONNER LAND

Wenn du schon einmal in der Region bist, wäre es sehr schade, nicht auch einen Blick ins Heilbronner Umland zu werfen – und das ist vor allem eines: grün! Dabei gibt es unterschiedliche Töne zu bestaunen: das leuchtende Grün der jungen Trauben an den Rebstöcken zum Beispiel. Von der Sonne verwöhnt, warten sie nur darauf, sich endlich rot zu färben und als Trollinger, Lemberger oder Schwarzriesling in deinem Glas zu landen. Dunkelgrüne Wälder laden zum Wandern und Radfahren, saftig-grüne Parks zum Flanieren und Picknicken ein.

Schwäbisch Hall – Fachwerkidylle am Kocher

Zu wenig Adrenalin? Dann ist Deutschlands traditionsreichster Freizeitpark Tripsdrill dein Ding. Oder das Technik Museum Sinsheim. Oder die schnellen Motorräder im Deutschen Zweirad- und NSU-Museum in Neckarsulm. Hoch über dem Neckar thronen prachtvolle Burgen und Schlösser, schmucke Fachwerkhäuser in den Altstädten von Bad Wimpfen und Schwäbisch Hall erzählen von glorreichen Zeiten. Es gibt so viel zu sehen, dass es zuweilen schwerfällt, ganz gemütlich im Besen bei einem Viertele zu entspannen. Die Lösung: einfach den Urlaub etwas verlängern!

HEILBRONNER LAND

MARCO POLO HIGHLIGHTS

★ TECHNIK MUSEUM SINSHEIM
Technikgeschichte hautnah – mehr als eine Million Besucher im Jahr sprechen für sich ➤ S. 102

★ THERMEN- UND BADEWELT SINSHEIM
Wellnesstraum in riesiger tropischer Erlebnislandschaft ➤ S. 102

★ DEUTSCHES ZWEIRAD- UND NSU-MUSEUM NECKARSULM
Vom Fahrrad bis zum Weltrekordmotorrad – die spannende Welt der Zweiradschmiede NSU ➤ S. 103

★ KAISERPFALZ BAD WIMPFEN
Einst Kaiser Barbarossas Lieblingsplatz, heute beeindruckende steinerne Geschichte ➤ S. 105

★ SALZBERGWERK BAD FRIEDRICHSHALL
Abenteuer Salz! Per Förderkorb und 40-m-Rutsche zum Herz des weißen Goldes ➤ S. 106

★ BIKINI ART MUSEUM BAD RAPPENAU
Das weltweit erste Museum für Bademodenkultur mit Rabatt für die eigene Badehose. Spektakulär! ➤ S. 106

★ KUNSTHALLE WÜRTH SCHWÄBISCH HALL
Herausragende Wechselausstellungen in moderner Museumsarchitektur ➤ S. 108

★ BURGEN UND SCHLÖSSER IM HOHENLOHER LAND
„In jedem Neschd a Schlouss" – Schloss- und Burgenhopping zwischen Schwäbisch Hall und Bad Mergentheim ➤ S. 111

Sennfeld
Roigheim
Leibenstadt
Oberkessach
Gommersdorf
Altkrautheim
Ailringen
Korb
Hohebach
Ober-
ginsbach
Winzenhofen
Unterkessach
Bieringen
Bittelbronn
Möckmühl
Stachenhausen
81
Olnhausen
Schleierhof
Crispenhofen
Ingel-
fingen
Hermut-
hausen
Jagsthausen
Züttlingen
Forchtenberg
Belsenberg
Niedernhall
Künzelsau
Sindringen
Lampolds-
hausen
Orendelsall
Mäusdorf
Wohlmut-
hausen
Zweiflingen
Kemmeten
Neuenstadt am Kocher
Ohrnberg
Kirchensall
Steinkirchen
Brettach
Weinsbach
Kupferzell
Möhrig
6
Döttingen
Neuenstein
Arnsdorf
Schwabbach
Öhringen
Westernach
Eberstadt
Bitzfeld
Waldenburg
50 km, 60 Min.
Baierbach
Enslingen
Dimbach
Scheppach
Obersteinbach
Sülzbach
Renzen
Wackershofen
Willsbach
Eschenau
Untergleichen
Gnadental
Schwäbisch Hall
Löwenstein
Kunsthalle Würth
Finsterrot
Gailsbach
Bubenorbis
39
Unterheinriet
Wüstenrot
Mainhardt
Hütten
Uttenhofen
Neulautern
Prevorst
Großerlach
Hirsch-
felden
Westheim
Beilstein
Spiegelberg
Grab
Ottendorf
Gronau
Oberrot
Großaltdorf
Allmersbach
am Weinberg
Sulzbach an der Murr
Hausen
Gaildorf
Oppenweiler
Murrhardt
Unterrot
Rielingshausen
Großaspach
Zell
Kirchenkirnberg
Backnang
Sechselberg
Kirchberg
an der Murr
Auenwald
Gschwend
Lippoldsweiler
Ebni
Kaisersbach
Waldrems
Bruch
Affalter-
bach
Burgstall
a. d. Murr
Althütte
Allmersbach
im Tal
Gmeinweiler
Hinterlintal
Weiler zum Stein
Klaffenbach
Bittenfeld
Öschelbronn
Burgholz
Winnenden
Welzheim
Spraitbach
Schwaik-
heim
14
Birkenweißbuch
Michelau
Breitenfürst
Pfahlbronn
Waiblingen
Buoch
Steinach
Miedelsbach
Haubersbronn
Beinstein
Remshalden
29
5 km
3.11 mi
Lorch
Rommelshausen
Winterbach
Schorndorf
Plüderhausen

SINSHEIM

(⊞ 0) **Am Anfang war das Technik Museum an der A 6. So mancher Fahrzeuglenker nahm kurz den Fuß vom Gas, um die spektakulären Großexponate am Fahrbahnrand zu bewundern.**

So kam Sinsheim eine Zeit lang zu überregionaler Bekanntheit durch mysteriöse „Stau aus dem nichts"-Meldungen. Tempi passati! Stau gibt es ab und zu zwar noch, die Stadt hat sich aber, nicht zuletzt dank des Wirtschaftsmotors SAP, mit dem Bundesligastadion der TSG Hoffenheim und der grandiosen Badewelt zum Event- und Freizeitstandort Nr. 1 der Region entwickelt. Die einst berüchtigte A6 ist heute sogar ein Aushängeschild des Tourismusmarketings, unter dem Signet *A6-Boulevard* (a6-boulevard.de) werben gleich mehrere Freizeiteinrichtungen für sich – vom *Hockenheimring* bis zum *BikiniARTmuseum Bad Rappenau*.

SIGHTSEEING

TECHNIK MUSEUM SINSHEIM ★

Man sieht sie schon von der Autobahn: die alles überragenden Überschalljets Concorde und Tupolev Tu-144, hier einmalig in der Welt nebeneinander vereint. Das Technik Museum Sinsheim nimmt dich mit auf eine Zeitreise zu den Meilensteinen der Technikgeschichte. Neben den begehbaren Flugzeugen warten edle Oldtimer, PS-starke Motorräder, rassige Sportwagen, kraftvolle Landmaschinen, Formel-1-Legenden, nostalgische Rennräder, riesige Dampfloks ... Das IMAX 3D Kino zeigt spannende Dokumentationen und aktuelle Blockbuster in 4K-Laser-Qualität. *Mo–Fr 9–18, Sa u. So 9–19 Uhr | Eintritt: Preise s. Website | Museumsplatz | Tel. 07261 9 29 90 | technik-museum.de*

WELLNESS

THERMEN- & BADEWELT SINSHEIM ★ ☂

Erlebnisurlaub in der Südsee! So kommt es dir zumindest vor, wenn du zum ersten Mal unter dem riesigen Glasdach der Therme stehst. Dich erwarten eine Lagune mit kristallklarem, türkisfarbenem, 34 °C warmem Wasser, über 400 echte Südseepalmen und eine angenehme Lufttemperatur von 32° C. Im Sommer wird das Panoramadach geöffnet, draußen locken der Sandstrand „Paradise Beach" und Außenpools. Die Saunawelt ist genauso schön – auch dort kannst du deinen Cocktail im Wasser an der Poolbar schlürfen. Dich erwarten 10 Themensaunen, besonders empfehlenswert sind die „Koi-Sauna" mit Panoramablick, „Euphoria" mit Licht- und Soundtechnik und die „Kino-Sauna". *Mo–Do 10–22, Fr 10–23, Sa 9–24, So 9–22 Uhr (jeden 1. u. 3. Fr Themennacht) | Zutritt ab 16 J. (u. Kleinkinder bis 4 J.), Sa Familientag (ohne Altersbeschränkung) | Preise s. Website | Badewelt 1 | Tel. 07261 4 02 80 | badewelt-sinsheim.de*

INSIDER-TIPP **Die Cabrio-Therme!**

Concorde und Tupolev Tu-144 im Technik Museum Sinsheim

NECKARSULM

(🕮 0) **Mehr Arbeitsplätze als Einwohner – der Wirtschaftsmotor der Region brummt in Neckarsulm. Hier hat der größte Handelskonzern Europas seinen Sitz: die Schwarz-Gruppe, zu der die Unternehmen Lidl und Kaufland gehören.** Der Audi-Standort Neckarsulm ist der größte Arbeitgeber in der Region. Auch wenn die Stadt mittlerweile nahtlos mit Heilbronn verwachsen ist, hat sie sich in Teilen ihr kleinstädtisches Flair bewahrt. Rund um den Marktplatz findest du hübsche Geschäfte und (wiederaufgebaute) historische Quartiere. Einige der besten Weingüter der Region kommen aus Neckarsulm und laden in ihren Besenwirtschaften zu Speis, Trank und geselligem Beisammensein ein. Der Name der Stadt ist übrigens schnell erklärt: Hier fließt die Sulm in den Neckar!

SIGHTSEEING

DEUTSCHES ZWEIRAD- UND NSU-MUSEUM ★

So viele heiße Öfen auf einem Haufen – das haut das stärkste Biker-Herz um. Im größten Zweiradmuseum Deutschlands gibt es jede Menge Motorräder zu bestaunen. Die schnellsten ausgestellten Maschinen bringen fast 400 km/h auf die Straße! Die Firma NSU in Neckarsulm stellte als eine der ersten Firmen der Welt ab 1886 Fahrräder und ab 1901 Motorräder her. Fahrräder sind deshalb ebenfalls zu sehen – vom Hochrad bis zum Hightech-Rennrad. Nicht nur für Zweiradfans interessant! *Di–So u. Feiertage 10–17*

Uhr | Eintritt inkl. Audio-Guide: Erw. 6 Euro, Kinder ab 6 J. 5 Euro | Urbanstr. 11 | zweirad-museum.de | S-Bahn: Neckarsulm Mitte | ⏱ *1½ Std.*

AUDI-FORUM

Audi-Jünger aufgepasst – das ist euer Ding! Tauche ein in die spannende Markenerlebniswelt, erfahre mehr über die Geschichte der modernen Automobilproduktion, nimm an einer 2-stündigen Werksführung teil und decke dich anschließend mit Fanartikeln im Audi-Shop ein. *NSU-Str. 1 | audi.de/de/foren/de.html |* ⏱ *1–3½ Std.*

SPORT & SPASS

AQUATOLL FREIZEITBAD

Alle Mann fertig zum Entern! Durch eine Unterwasserwelt gelangen kleine Entdecker vom AQUAtoll Erlebnisbad zur geheimen Welt der Piraten. Mit Licht- und Soundeffekten geht es rasant durch die Black-Hole-Rutsche und für größere Kinder ins Wildwasser. Erholsamere Urlaubsstunden für erwachsene Seeräuber bietet die AQUAToll Saunawelt: Verschiedene Saunen, Dampfbad, Whirlpool und Solegrotte sorgen für entspannte Muskeln und einen freien Kopf. Hier kann man es locker einen ganzen Tag aushalten, auch für Verpflegung ist gesorgt. *Mo–So 9–22 Uhr | Preise s. Website | Wilfenseeweg 70 | aquatoll.de*

ESSEN & TRINKEN

WALDSCHÄNKE

Wunderbar am Waldrand liegt dieser Biergarten und zu essen gibt es – nein, nicht schwäbisch: hier gibt's Pizza! Frisch und heiß kommen sie aus dem

Bad Wimpfen: Altstadt mit Blauem Turm als Wahrzeichen

Steinofen, ca. 20 Varianten stehen zur Auswahl. *Mo–Sa 14–23, So 10–23 Uhr | Holzweg, NSU-Obereisesheim | Tel. 07132 4 37 87 | biergartenwaldschenke.de | €*

ALTE ZELLE

Die Szenekneipe mit Knastflair! Das Bar-Bistro in der ehemaligen Polizeiwache am Marktplatz bietet schwäbische und italienische Küche, Cocktails und eine Gefängniszelle aus dem 19. Jh. als Lounge an. Auch schön zum Draußen-Frühstücken und Leute-Gucken. *Mo–Do 9.30–24, Fr 9–1, Sa 10.30–1, So 14–21 Uhr | Marktstr. 18 | Tel. 07132 34 20 03 | zelle18.de | €€*

INSIDER-TIPP Cocktail-Jail mit Stil!

STRANDKORB

„Chic chillen statt ruhelos rackern" lautet das Motto der Strandbar. Stress und Hektik haben hier keine Chance. Die Füße im Sand, den Cocktail in der Hand – hier findest du deinen Platz an der Sonne! *Mo–Do 15–24, Fr u. Sa 15–1, So 12–21 Uhr | Reisachmühle 5 | strandkorb-nsu.de | €€*

RUND UM NECKARSULM

WALDKLETTERPARK WEINSBERG

Gegenüber der Burgruine Weibertreu kletterst du auf neun Routen durch die Baumwipfel. Vom Einsteigerparcours bis zur anspruchsvollen Route ist alles dabei. Vorerfahrung ist nicht nötig, es zählen Gleichgewicht und Balance. Geeignet ab ca. 8 J. und 1,25 m. *Di–Fr 14–20, Sa u. So 10–20 Uhr, Ferien: Mo–So 10–20 Uhr | Eintritt (nur Barzahlung): Erw. 20 Euro, 14–17 J. 17 Euro, 6 –13 J. 14 Euro, Familien ab 45 Euro | Tel. 07134 5 37 00 07 | waldkletterpark-weinsberg.de*

BAD WIMPFEN

(🕮 0) **„Meine Damen und Herren, unser Intercity-Express erreicht jetzt Wimpfen Hbf. ..." So klänge die Ankunft in Bad Wimpfen heute – hätte die Stadt noch den gleichen Status wie im Mittelalter.**

Für die Reisekaiser der Stauferzeit war Wimpfen ein Drehkreuz und eine urbane Metropole, in der man gerne mit dem gesamten Hofstaat residierte. Allen voran Kaiser Friedrich I., genannt Barbarossa, der die Marktstadt zur prachtvollen Pfalz ausbaute, machte hier gerne Station. Auch heute noch kommen die Reisenden hauptsächlich wegen der beeindruckenden Kaiserpfalz. Den Status als Metropole musste Bad Wimpfen aufgeben – dafür fühlst du dich beim Bummel durch die beschaulichen Fachwerkgassen der Kurstadt gleich um mehrere Jahrhunderte zurückversetzt.

SIGHTSEEING

KAISERPFALZ ★

Die größte Pfalz nördlich der Alpen! Was Kaiser Friedrich I. (Barbarossa) im 12. Jh. aus der Stadt machte, suchte im Mittelalter seinesgleichen. Auch heute noch beeindruckt die markante Silhouette mit den berühmten Bergfrieden „Blauer Turm" und „Roter Turm". *Burgviertel | badwimpfen.de*

STEINHAUS

Das Steinhaus gilt als größter romanischer Wohnbau Deutschlands und beherbergt heute das historische Museum der Stadt. Gezeigt werden u. a. Exponate zur Geschichte der Staufer und der Kaiserpfalz. Hochinteressant! *Burgviertel 25 | badwimpfen.de*

ESSEN & TRINKEN

FRIEDRICH FEYERABEND

Ist es ein Restaurant? Eine Weinstube? Ein Café? Dieses Lokal vereint von allem das Beste! Gehobene Gastronomie, ausgesuchte Weine, Kuchen und Torten aus eigener Herstellung, garniert mit ein wenig 1920er-Jahre-Flair. *Mi–Sa 12–14 u. 18–21.30, So u. Feiertag 12–14 u. 18–20.30 Uhr | Hauptstr. 74 | Tel. 07063 245 | friedrich-feyerabend.de | €€*

RUND UM BAD WIMPFEN

SALZBERGWERK BAD FRIEDRICHSHALL ★

8 km/12 Min. mit dem Auto von Bad Wimpfen

Eine kurze Fahrt im Förderkorb transportiert dich 180 m tief in die faszinierende Welt des „weißen Goldes". Wo früher Salz abgebaut wurde, erlebst du heute spannende Lichtinszenierungen, den beeindruckenden Kuppelsaal und eine 40 Meter lange Rutsche, auf der du dich fühlst wie ein Bergmann. Nicht verpassen! *Mai–Sept. Sa u. So 9.30–15.30 Uhr (letzte Einfahrt) | Eintritt Erw. 10 Euro, Kinder ab 6 J. 6 Euro, Familien 29 Euro | Berg-rat-Bilfinger-Str. 1 | salzwerke.de*

BAD RAPPENAU

(🕮 0) **Seit rund 180 Jahren ist Bad Rappenau eine beliebte Kur- und Bäderstadt – Wohlfühlen und Gesundheit sind hier angesagt.**

Sehenswert sind das alte Wasserschloss und das nigelnagelneue BikiniARTmuseum. Ihre blühenden Park- und Gartenanlagen verdankt die Stadt der Landesgartenschau im Jahr 2008.

SIGHTSEEING

WASSERSCHLOSS

Das hübsche kleine Wasserschloss von 1601 und der umgebende Schlosspark mit seinem alten Baumbestand, Staudenbeeten und einem Kneippbecken sind einen gemütlichen Spaziergang und ein Picknick wert. Im Sommer finden im Schlosshof Kulturveranstaltungen statt, im Winter gibt's einen kleinen Weihnachtsmarkt. *Hinter dem Schloss 1 | badrappenau.de*

BIKINIART MUSEUM ★

Über 1000 Exponate nehmen dich mit auf eine multimediale Zeitreise durch die Welt der Einteiler, Bikinis und Badehosen! Eine prickelnde und ästhetische Verbindung von Kunst

Wenig Stoff als große Kunst im BikiniARTmuseum

INSIDER-TIPP
Pack die Badehose ein!

und Badekultur! *Eintritt Erw. 12 Euro, bis 17 J. 9 Euro; Besucher in Bikini, Badeanzug oder Badehose mit Badeschuhen erhalten 50 % Ermäßigung! | Buchäckerring 42 | bikiniartmuseum.com | 2½ Std.*

RUND UM BAD RAPPENAU

BURG GUTTENBERG

6 km/8 Min. mit dem Auto von Bad Rappenau nach Hassmersheim

Hoch oben über dem Neckar thront die „Burg der Adler". Burg Guttenberg trägt ihren Beinamen nicht umsonst: Hier kannst du die Flugkünste riesiger Greifvögel bewundern! Das Burgmuseum informiert über das Leben auf der Ritterburg. *Tgl. geöffnet (Burgschenke s. Website), Flugvorführungen: 11 u. 15 Uhr | Burgstr. 1 | Haßmersheim | burg-guttenberg.de*

SCHLOSS HORNECK

3,5 km von Burg Guttenberg am Neckarufer gegenüber

Im riesigen Deutschordensschloss aus dem 13. Jh. residiert das *Siebenbürgische Museum* – mit 22 000 Exponaten die größte Sammlung siebenbürgischer Kulturgeschichte außerhalb Rumäniens. *Öffnungszeiten Museum: Di–So 11–17 Uhr | Eintritt: 3 Euro | Gundelsheim | schloss-horneck.de*

SCHWÄBISCH HALL

(🕮 0) **Der Reichtum von „Hall", wie Eingeweihte sagen, begann bereits im Mittelalter mit der Salzgewinnung. Bis heute punktet Schwäbisch Hall mit einer außerordentlich hübschen Altstadt.**

Neben dieser schmucken historischen Fachwerk-Altstadt begrüßt die ehemalige Reichsstadt Besucher mit zahlreichen Sehenswürdigkeiten.

SIGHTSEEING

ST. MICHAEL

Die Michaelskirche, das Wahrzeichen der Stadt, thront unübersehbar über dem Marktplatz. Berühmt ist die riesige steinerne Treppe: Seit fast 100 Jahren ist die „steinerne Schöne" jeden Sommer Spielstätte der Freilichtspiele und verwandelt sich dafür in eine atemberaubende Theaterkulisse. *Öffnungszeiten s. Website | hohenlohe-schwaebischhall.de*

INSIDER-TIPP **Traditionsreiches Treppentheater!**

HÄLLISCH-FRÄNKISCHES MUSEUM

Mitten in der historischen Altstadt befinden sich sechs denkmalgeschützte Gebäude, die im Verbund die wechselhafte Kunst- und Kulturgeschichte von Stadt und Region zeigen. *Di–So 10–17 Uhr | Eintritt frei | Keckenhof 6 | haellisch-fraenkisches-museum.de*

KUNSTHALLE WÜRTH ★

Das herausragende Museum zeigt in wechselnden Ausstellungen namhafte nationale und internationale Künstler sowie zahlreiche Werke aus der umfangreichen Sammlung Würth, die mittlerweile über 12 500 Objekte umfasst. Der moderne Bau des dänischen Architekten Henning Larsen fügt sich harmonisch in die historische Umgebung ein. Schön ist auch die Dependance in der Johanniterkirche. *Tgl. 10–18 Uhr | Eintritt frei | Lange Str. 35 | kunst.wuerth.com*

HOHENLOHER FREILAND-MUSEUM

Auf Zeitreisen gehen, eintauchen in die Welt unserer Vorfahren, erfahren, wie der Alltag in früheren Zeiten war: 70 historische Gebäude aus der Region wurden hierher umgesetzt. Bauernhöfe, Schulhaus, Bahnhof, Gefängnis, unzählige Tiere … Es gibt viel zu entdecken! *März–Okt. Di–So 10–17 Uhr | Tageskarte: Erw. 10 Euro, Kinder ab 6 J. 8 Euro, Familien 22 Euro | Moorwiesenweg | wackershofen.de*

KLOSTER GROSSCOMBURG

Östlich von Schwäbisch Hall erhebt sich – auf einem Bergkegel über dem rechten Kocherufer – das ehemalige Benediktinerkloster Comburg, das, 1078 gegründet, von 1488 bis 1802 Chorherrenstift war. Der Wehrgang auf der Ringmauer um das Kloster ist komplett begehbar! *Comburg 5 | kloster-grosscomburg.de*

LAUFFEN AM NECKAR

(▯ 0) **Romantisch ist es hier! Lauffen ist umgeben von Weinbergen und bekannt für leckeren Schwarzriesling.**

Vor allem zur Weinlesezeit, wenn die Weinfeste stattfinden, ist Lauffen ein tolles Ausflugsziel.

SIGHTSEEING

REGISWINDISKIRCHE

Das Wahrzeichen der Stadt steht imposant auf einem Felsen über dem Neckar. Interessant sind die verschiedenen Sonnenuhren, die älteste stammt wahrscheinlich aus dem 15. Jh., und die Steinmetzzeichen aus der Zeit um 1300. *Kirchbergstr. 16 | lauffen.de*

RATHAUSBURG UND BURGMUSEUM

Die Burg aus dem 11. Jh. besitzt den deutschlandweit einzigen erhaltenen Wohnturm aus der Zeit der Salier und beherbergt seit 1818 das Rathaus der Stadt. Im Burgmuseum erhältst du einen Eindruck vom Alltag der Menschen in der Salierzeit. *Mo–Do 8–12 u. 14–16, Fr 8–12 Uhr | Eintritt frei | Rathausstr. 10 | lauffen.de*

HÖLDERLINHAUS

Friedrich Hölderlin wurde 1770 in Lauffen geboren. Seit 2020 informiert eine interaktive Ausstellung in seinem Elternhaus über Leben, Werk und Wirken des berühmtesten Sohns der Stadt. *Do 17–20, Sa u. So 13–18 Uhr | Eintritt: 4 Euro (inkl. Audioguide), Schüler u. Studierende frei | Nordheimer Str. 5 | lauffen.de*

ESSEN & TRINKEN

WEINSTUBE SONNE

Ein jahrhundertealtes Gasthaus mit kreativer österreichischer und schwäbischer Küche. Wie wäre es zur Vorspeise mit einer Runde *Lauffener Tapas*? Dazu gibt's regionale Weine und saisonale Schmankerl. *Do–Mo ab 17, So zusätzlich 11.30–14 Uhr | Heilbronner Str. 5 | Tel. 07133 9220690 | weinstube-sonne.de | €€*

Tripsdrill: Freizeitspaß seit 1880

RUND UM LAUFFEN

ERLEBNISPARK TRIPSDRILL

13 km/20 Min. mit dem Auto von Lauffen nach Cleebronn

Der älteste Freizeitpark Deutschlands gegründet 1880 und zugleich einer der schönsten! Rasante Achterbahnen, spritzige Wildwasserfahrten, eine tolle Märchenwelt – inmitten schwäbischer Idylle erwarten dich rund 100 Attraktionen. Im Wildparadies triffst du auf rund 50 Tierarten, unternimmst Rundgänge mit dem Wildhüter und siehst Flugvorführungen in der Falknerei ... Klingt nach einem guten Tag, oder? *April–Okt. tgl. 9–18 Uhr | Eintritt Tageskarte 4–11 J. 29,50 Euro, ab 12 J. 35,50 Euro | Tel. 07135 999333 | tripsdrill.de*

WANDERN & RADFAHREN

Weinbergwanderungen mit Panoramaaussicht, Entdeckerradtouren zu den Burgen und Schlössern der Region – im Heilbronner Umland trifft herrliche Natur auf spannende Geschichte.

Zur Einkehr locken gemütliche „Besen" und Hütten mit schwäbisch-fränkischer Küche, gutem Wein und ganz viel Lokalkolorit. Die App „Touren in Baden-Württemberg" ist dabei deine kompetente Begleitung. Du kannst Tourenvorschläge suchen, eigene Routen planen und direkt herunterladen. Ausführliche Beschreibungen und Kartenmaterial zu den Touren findest du unter *heilbronnerland.de!*

WANDERN

VON DER NECKARBURG ZUM LIEBENSTEINER SCHLOSSBERG

Folge dem Neckar von der Lauffener Rathausburg durch sonnige Weinberge zum „Krappenfelsen" und weiter zum Schloss Liebenstein. Ein familienfreundlicher Wanderweg mit vielen Rastmöglichkeiten! Je nach Lust, Laune und Wetter empfiehlt sich ein Besuch im Burgmuseum Lauffen. *Länge: 15,4 km | Schwierigkeit: leicht*

WÜRTTEMBERGISCHER WEINWANDERWEG

Etappe Obersulm–Weinsberg

Der längste deutsche Weinwanderweg führt auf über 300 km von der Fränkischen Alb nach Esslingen am Neckar. Durch das Heilbronner Land verläuft eine besonders schöne Extraschleife! Als S-Bahn-Wanderung auch für einen Tagesausflug bestens geeignet, führt dich diese Etappe durch die Ausläufer der Löwensteiner Berge im Naturpark Schwäbisch-Fränkischer Wald *(naturpark-sfw.de)* und durchs Weinsberger Tal. *Länge: 23,3 km | Schwierigkeit: mittel*

NECKARWEG IM HEILBRONNER LAND

Naturnahe Wege und Pfade durch die Wein- und Flusslandschaft! Der Neckarweg verläuft immer entlang des Neckars von der Quelle im Schwenninger Moos bis nach Gundelsheim. Ab Bad Wimpfen, wo du die größte Kaiserpfalz nördlich der Alpen bestaunen kannst, wird er als „Neckarsteig" bezeichnet. Der Weg kann natürlich in Etappen gegangen werden. *Länge: 67,2 km | Schwierigkeit: mittel*

RADFAHREN

NECKARTAL-RADWEG

Nahezu steigungsfrei führt der Neckartal-Radweg vom Neckarursprung bei Villingen-Schwenningen über Stuttgart und Heilbronn bis nach Mannheim. Seit 2019 gehört er zu „Germany's Top River Routes" und damit zu den besten Flussradtouren Deutschlands. Der Weg ist auch für Radeinsteiger und Familien mit Kindern gut geeignet. *Gesamtlänge: 367,3 km | Schwierigkeit: leicht*

BURGENSTRASSEN-RADWEG

Von Burg zu Burg, von Schloss zu Schloss radeln – als eine der traditionsreichsten und bekanntesten Ferienstraßen verbindet die Burgenstraße mehr als 70 Burgen und Schlösser. Die im Heilbronner Land liegenden Etappen führen vom Rand des Odenwalds über das Neckartal und das Weinsberger Tal bis ins hohenlohische Öhringen. Nur für trainierte Waden! *Gesamtlänge: 876,3 km | Schwierigkeit: schwer*

MAL WAS ANDERES UNTERNEHMEN?

Wie wäre es mit einer Kombination von Fahrradtour und Paddelspaß für die ganze Familie? Bei *100 Prozent Kanu & Bike (Tel. 07139 9334411 | kanu-bike.de | Hardthausen-Gochsen)* erkundest du das romantische Drei-Flüsse-Eck an Kocher, Jagst und Neckar vom Wasser aus. Geführte Touren sind ab zwei Stunden und bis zu mehreren Tagen möglich.

INSIDER-TIPP
Urbane Paddelei!

Kanu & Bike bieten auch urbane Paddeltouren durch Heilbronn an. Start ist am Götzenturm!

SCHLÖSSER, BURGEN UND KLÖSTER IN HOHENLOHE

„In jedem Neschd a Schlouss" – nirgendwo ist die Dichte an Prachtbauten aus vergangenen Jahrhunderten so hoch wie im Hohenloher Land! Wahrscheinlich schaffst du es nicht, sie alle wandernd oder mit dem Fahrrad anzusteuern, deshalb hier eine kleine Auswahl: Besuche z. B. Schloss Neuenstein mit dem spannenden Hohenlohe-Museum oder Schloss Langenburg im Jagsttal, wo du beim Flanieren im Barockgarten vielleicht sogar den Hausherrn, Fürst zu Hohenlohe-Langenburg, triffst. Auch das Kloster Schöntal mit seiner kunstvollen Barockkirche und die Stadt Bad Mergentheim im romantischen Taubertal sind einen Besuch wert. *hohenlohe.de*

ERLEBNIS TOUREN

Lust, ganz unterschiedliche Facetten Heilbronns näher kennenzulernen? Dann sind die ausgewählten Erlebnistouren genau das Richtige für dich!
Folge unserer Autorin in aussichtsreiche Weinlagen hoch über Heilbronn und entdecke bei einem Stadtspaziergang die ganze Vielfalt beeindruckender Gründerzeitarchitektur im Villenviertel am Lerchenberg.

Aussichtsreiches Wanderziel: Weinausschank der lokalen Weingüter am Wartberg

DIE ERLEBNISTOUREN IM ÜBERBLICK

❶ WEINPANORAMA

- Wandern auf dem Wein Panorama Weg
- Kleine Runde durch den Botanischen Obstgarten

Baumkelter

Botanischer Obstgarten

6 km. Der Weg ist gut ausgebaut, ohne steile Passagen.

4–5 Stunden, 2 ½ Stunden reine Gehzeit

Bus: Paul-Göbel-Brücke; Karlstor

❶ Baumkelter

❷ Historische Weinbergshaus

❸ Weinausschank am Wartberg

❹ Wartbergturm

FOLGE DER TRAUBE!

Dein Weg durch das größte Freilandmuseum des Weinbaus in Württemberg beginnt an der historischen ❶ Baumkelter am Fuß des Wartbergs. Sie ist voll funktionsfähig und gilt als eine der ältesten Weinpressen Deutschlands. *Von hier aus folgst du dem mit der Traube markierten „Wein Panorama Weg".* An 24 Stationen erzählen dir zahlreiche Tafeln Spannendes und Interessantes zum Weinbau, zur Geschichte und zur Geologie der Region. Die nächste Sehenswürdigkeit, auf die du triffst, ist das ❷ Historische Weinbergshaus.

Auf den folgenden 1,5 Kilometern lernst du einiges über den Umgang mit Weinreben. Passend dazu lädt der ❸ Weinausschank am Wartberg (direkt am Hochwasserbehälter) zu einer kleinen Stärkung ein *(Mai–Okt, Sa u. So ab 14 Uhr).* Der Ausschank wird jedes Wochenende von einem anderen regionalen Weingut bewirtet.

INSIDER-TIPP
Aussichtsreiche Weinprobe

GIPFELGLÜCK MIT SONNENSTRAHL

Schließlich erreichst du den Gipfel und das krönende „Herzstück" des Wartbergs, den ❹ Wartbergturm mit der Skulptur „Sonnenstrahl für Heilbronn". *Hinauf führt eine Wendeltreppe,* belohnt wirst du mit einer tollen

Vogelperspektive auf das Heilbronner Land! Leckeren Kaffee und Kuchen oder ein deftiges Mittagessen in grandioser Aussichtslage gibt's anschließend im **5 Höhenrestaurant Wartberg** ➤ S. 52.

5 Höhenrestaurant Wartberg

Gut gestärkt *spazierst du nun am Waldrand entlang.* Spannend ist die sechs bis acht Meter hohe **6 Felswand am Riedkopf** (Infotafel 22). Sie bildet im Kleinen den geologischen Aufbau des Wartbergs ab und ist Heimat von über 400 Tierarten und Pflanzen. *Nach einem kurzen Abstecher zum* **7 Aussichtspunkt Lemppruhe** *geht es wieder zurück in Richtung Baumkelter.*

6 Felswand am Riedkopf

7 Aussichtspunkt Lemppruhe

HOFCAFÉ IM OBSTGARTEN

Kurz bevor du sie erreichst, biegst du rechts ab in einen kleinen Feldweg. An der nächsten Kreuzung halte dich rechts und folge dem Weg ca. 250 m bis zur Straße „Im Breitenloch". Nach weiteren 500 m erreichst du den **8 Botanischen Obstgarten** ➤ S. 43. Wie wäre es jetzt mit einer kurzen Rast im *Hofcafé Susanne (Fr u. Sa 14–17 Uhr)*? Anschließend erkundest du den Garten. Vor allem im Sommer ein echtes Erlebnis!

8 Botanischer Obstgarten

❷ SCHÖNER WOHNEN

- Architekturgeschichte im Villenviertel
- Dolce Vita im Pfühlpark

Kreuzung Oststraße/ Dittmarstraße

Pfühlpark

ca. 3,5 km, 1 Stunde reine Gehzeit

ca. 2–3 Stunden

Bus: Silcherplatz

❶ Villa Hagenmayer

❷ Villa Dittmar

❸ Villa Schliz

❹ Villa Carl Knorr

❺ Villa Otto Dopfer

❻ Hotel Park Villa

❼ Villa Theodor Moosbrugger

VILLENARCHITEKTUR IN BESTER LAGE

Auf dem Lerchenberg östlich der Innenstadt entstanden seit dem späten 19. Jh. etliche Villen für wohlhabende Heilbronner – vornehmlich Fabrikantenfamilien. *Auf der Dittmarstraße* beginnt deine architektonische Zeitreise. Links siehst du die kunstvoll verzierte **❶ Villa Hagenmayer** (Hausnummer 5). Gebaut wurde sie für den Architekten Albert Hagenmayer. Während der NS-Zeit diente die Villa als Treffpunkt einer sozialistischen Widerstandsgruppe. Die südländlich anmutende **❷ Villa Dittmar** (Nr. 16) wurde im 19. Jh. für den Messerfabrikanten Theodor Dittmar errichtet. Im Inneren befinden sich wertvolle Mosaike und Wandmalereien.

BUNTER STILMIX

Ein Abstecher in die Alexanderstraße führt zur **❸ Villa Schliz** (Nr. 53), einem der wenigen erhaltenen Jugendstilgebäude der Stadt. *Zurück auf der Gutenbergstraße erreichst du die gewaltige* **❹ Villa Carl Knorr** (Nr. 51) – ja, hier wohnte einer der Begründer des Tütensuppen-Imperiums. Ein „Häuschen" weiter liegt die **❺ Villa Otto Dopfer** (Nr. 37), selbiger arbeitete als Chemiker bei Knorr. Auf der linken Straßenseite siehst du das **❻ Hotel Park Villa** ➤ S. 97 (Nr. 30). Mit der **❼ Villa Theodor Moosbrugger** (Nr. 29) verwirklichte sich der berühmte Heilbronner Architekt Moosbrugger 1908 seinen eigenen Wohntraum im sogenannten „Heimatstil". *Folge der Gutenbergstraße weiter gen Norden und biege dann rechts in die Wollhausstraße ein.* Hier fällt sofort die ❽ **Villa Pielenz** (Nr. 93) ins Auge, auch bekannt als „Schwarzwaldhaus". *Zweimal links geht es über die Alexander- in die Bismarckstraße. Vorbei an der* ❾ **Wichernkirche**, einer Notkirche, die nach dem Zweiten Weltkrieg entstand, *erreichst du die* ❿ **Villa Frau Alfred Knorr** (Nr. 50). Hier wohnte bis 1936 Marie Therese Knorr, die Witwe von Alfred Knorr. Umgeben ist das herrschaftliche Gebäude von einem Park mit altem Baumbestand.

❽ Villa Pielenz

❾ Wichernkirche

❿ Villa Frau Alfred Knorr

EIN PARK FÜR ALLE

Jetzt folgt der gemütliche Teil: Im ⓫ **Pfühlpark** ➤ S. 44 kannst du dich ins Gras legen und vom hochherrschaftlichen Wohnen am Lerchenberg träumen. In dem etwas skurrilen Kiosk neben dem großen Spielplatz gibt es kalte Getränke, Eis, Brezeln, Currywurst, Hundefutter, Sandspielzeug, Energiesteine usw. Der Biergarten am Trappensee gilt als einer der schönsten Heilbronns – wie wäre es mit einer leckeren Holzofenpizza zum Abschluss?

⓫ Pfühlpark

INSIDER-TIPP
Bella Italia am Trappensee!

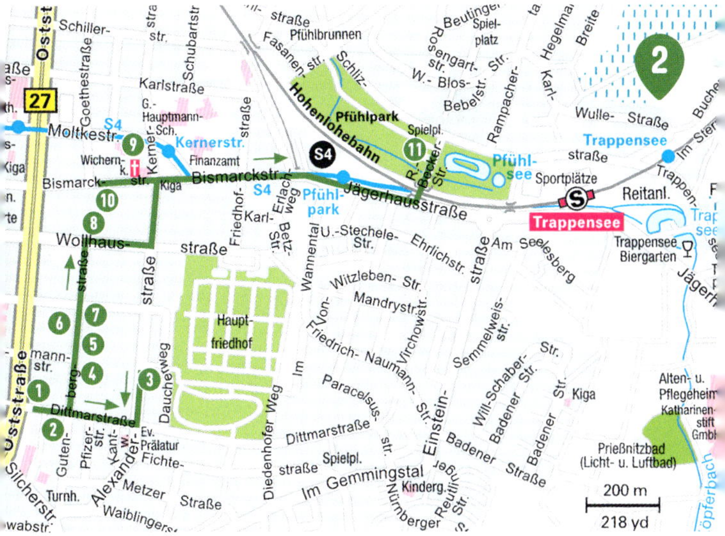

GUT ZU WISSEN

DIE BASICS FÜR DEINEN STÄDTETRIP

ANKOMMEN

ANREISE

Wenn du auf der A 6 zwischen Mannheim und Nürnberg bzw. auf der A 81 zwischen Stuttgart und Würzburg unterwegs bist, kannst du Heilbronn, das sehr verkehrsgünstig am Autobahnkreuz Weinsberg liegt, praktisch nicht verfehlen. Schöner und spannender ist die Anreise aus der Landeshauptstadt Stuttgart über die Landstraße. Vor allem entlang des Neckars gibt es dabei viel zu sehen.

Die Einfahrt nach Heilbronn mit dem eigenen Wagen ist nur mit grüner Umweltplakette möglich. Eine Alternative zum Fahren und Parken in der Innenstadt sind die Park-&-Ride-Parkplätze mit Anschluss an Bus/Bahn: Gesundbrunnen, Theresienwiese, Karlsruher Straße, S-Bahn-Haltestelle „Böckingen West".

Mit der Bahn ist Heilbronn dank der Lage an der viel befahrenen Strecke Mannheim–Stuttgart ebenfalls gut zu erreichen. Eine dauerhafte Einbindung ins ICE-Netz wird angestrebt, ist bisher aber nicht realisiert. Fernbusse halten am Busbahnhof südlich des Hauptbahnhofs. In der Region verkehren S-Bahnen, z. B. nach Karlsruhe und Sinsheim. Der Flughafen Stuttgart ist 70 km, Frankfurt am Main 150 km, der Adolf Würth Airport Schwäbisch Hall 55 km entfernt.

MOBIL SEIN

ÖFFENTLICHE VERKEHRSMITTEL

Das Verbundgebiet des HNV *(h3nv.de)* erstreckt sich über Stadt und Landkreis Heilbronn, den Hohenlohekreis und Teile der benachbarten Landkreise. In Heilbronn verläuft die S-Bahn

Mittendrin in der City: Stadtbahnhalt am Rathaus

durch das Stadtgebiet – dort heißt sie dann „Stadtbahn" *(Einzelkarte Bus/Bahn Zone A 2,50 Euro, Tageskarte Zone A 4,90 Euro)*. Außerdem gibt es Gästetickets für das Umland und verschiedene Kombitickets. Für Nachtschwärmer: Nachtbusse verkehren auf der Ost- und Westroute Freitag und Samstag zwischen 0 und 2 Uhr.

TAXI

Chauffeur gefällig? Der Taxi-Grundpreis beträgt in Heilbronn 3,20 Euro, hinzu kommen pro Kilometer 2,50 Euro, ab 4 km 1,80 Euro. Eine Fahrt vom Hauptbahnhof zum Marktplatz kostet ca. 8,80 Euro.

PARKEN

Heilbronn hat ein ausgeklügeltes Parkleitsystem: Insgesamt stehen über 7000 Stellplätze in der Innenstadt in Parkhäusern und auf öffentlichen Parkplätzen zur Verfügung.

LEIHFAHRRÄDER

Die Bike Arena Bender *(Mo–Freitag 9.30–19 Uhr, Sa 10–16 Uhr | Koepffstr. 7–13 | Tel. 07131 96150 | bikearena-bender.de)* verleiht Fahrräder und E-Bikes, die auch einfach online zu buchen sind. Für Studierende der Heilbronner Hochschulen gibt es am Campus Sontheim, am Bildungscampus Ost und am Parkhaus der experimenta insgesamt 50 „CampusRäder" zu leihen. *callabike.de/anmeldung/CampusRadHeilbronn*

VOR ORT

TOURIST-INFORMATION

Ansprechpartner für alle Tourismus-Fragen ist die Tourist-Information Heilbronn. Hier erhältst du Stadtpläne, Infos zu Sehenswürdigkeiten und Veranstaltungen und den einen oder an-

INSIDER-TIPP
Tourist-Info mit Vinothek!

deren spannenden Insider-Tipp.
In der Vinothek der Tourist-Information findest du eine Vielzahl Heilbronner Weine, spannende Bücher zur Stadtgeschichte und tolle Heilbronner Postkartenmotive. *(Kaiserstr. 17 | Infos u. Tickets: 07131 56 22 70 | Stadtführungen: 07131 56 11 91 | heilbronn.de/tourismus*

LADENÖFFNUNGSZEITEN

Die meisten Geschäfte sind von 10 bis 19 Uhr geöffnet, Supermärkte oft auch länger. Geschlossen sind die Läden in Baden-Württemberg außer an den überregional gültigen Feiertagen auch an folgenden Tagen: Heilige Drei Könige (06.01.), Christi Himmelfahrt, Fronleichnam und Allerheiligen (1.11.).

TICKETS UND VORVERKAUF

Für nahezu alle Veranstaltungen und Kultureinrichtungen können Tickets zentral bei der Tourist-Info erworben werden, ansonsten bei Theatern und Museen direkt.

STADTFÜHRUNGEN

Ob zu Fuß, mit dem Hop-On-Hop-Off-Bus, dem Segway, im Kanu oder auf dem Neckarschiff – du entscheidest, wie du Heilbronn entdecken möchtest! Jeden Samstag um 11.30 Uhr startet an der Tourist-Information eine öffentliche Stadtführung *(ca. 60 Min. | 7 Euro)*. Alle anderen Angebote werden zu festen Terminen durchgeführt oder können individuell gebucht werden. Bei themenorientierten Rundgängen besteigst du Türme oder besuchst die Plätze der Innenstadt, es gibt Weinrundgänge, geschichtlich-kulinarische oder Kaffeeklatsch-Spaziergänge. Du kannst Touren mit dem Kanu oder dem Neckarschiff unternehmen oder, wenn dir Laufen zu langweilig ist, eine Fahrt mit dem Segway machen. Alle Führungen sind über die Tourist-Info zu buchen. *heilbronn.de/tourismus*

WAS KOSTET WIE VIEL?

Kaffee	1,80–2,50 Euro
Trollinger	3,80 Euro *fürs Viertele (0,25 l)*
Museum	7 Euro *Eintritt Kunsthalle Vogelmann*
Busticket	2,50 Euro *Erwachsene (Zone A)*
Parken	0,50 Euro *je angefangene 20 Min. (Kernzone Innenstadt)*

HOP ON HOP OFF

50 Highlights in nur 100 Minuten – das bietet eine Tour mit dem *City-tour-Cabrio-Bus*. Die reine Fahrzeit beträgt 1,5 Stunden, an neun Stationen kannst du aussteigen und die Gegend erkunden, bevor du wieder an Bord hüpfst. Start ist von Freitag bis Montag *(Mai–Nov.)* dreimal täglich ab der Haltestelle ibis-Hotel *(Bahnhofstr. 5, Neckarturm)*. Das Ticket gibt's im Bus oder in der Tourist-Info, es gilt 24 Stunden *(Erw. 18 Euro, Kinder 4–14 J.*

8 Euro, pro zahlenden Erw. 2 Kinder frei). citytour.de

REISE- UND WOHNMOBILE

Ein Stellplatz für Wohnmobile befindet sich in der Neckarhalde am Freizeitpark Wertwiesen. Der Platz verfügt über 20 Stellplätze und hat ganzjährig geöffnet. Die Innenstadt ist bequem mit dem ÖPNV oder zu Fuß (ca. 20 Min.) zu erreichen. Die Standdauer ist auf drei Tage begrenzt.

BARRIEREFREIHEIT

In Heilbronn kann man sich mit dem Rollstuhl recht gut bewegen. Seit 2019 ist der Heilbronner Hauptbahnhof inklusive aller Gleise barrierefrei. Blinden Menschen helfen vor allem in der Innenstadt Leitstreifen und Aufmerksamkeitsfelder bei der Orientierung. Im Zentrum stehen über 50 Parkplätze für schwerbehinderte Menschen zur Verfügung. Es gibt einige barrierefreie öffentliche Toiletten sowie zwei „Toiletten für alle" (teils mit Euroschlüssel zugänglich). Adressen und Infos: *heilbronn.de*

NOTFÄLLE

NOTFALLTELEFONE

Im Notfall erreichst du Polizei *(110)*, Feuerwehr und Rettungsdienst *(112)* sowie den (kinder)ärztlichen Bereitschaftsdienst *(116 117)* ohne Vorwahl.

FUNDBÜROS/DIEBSTAHL

Hast du etwas verloren? Hier hilft dir das Fundbüro im Rathaus *(Marktplatz 7 | Tel. 07131 56 20 76)*. Wenn dir etwas gestohlen wurde, kannst du dich an das Polizeipräsidium *(Karlstr. 108 | Tel. 07131 10 49)* wenden.

WETTER IN HEILBRONN

Hauptsaison
Nebensaison

	JAN.	FEB.	MÄRZ	APRIL	MAI	JUNI	JULI	AUG.	SEPT.	OKT.	NOV.	DEZ.
Tagestemperaturen	3°	5°	10°	14°	19°	22°	24°	24°	20°	14°	8°	4°
Nachttemperaturen	-3°	-2°	1°	5°	8°	12°	14°	13°	10°	6°	2°	-2°
Sonnenschein Stunden/Tag	2	3	4	6	7	8	8	7	6	4	2	1
Niederschlag Tage/Monat	16	14	12	14	15	15	15	14	13	13	14	14

Sonnenschein Stunden/Tag
Niederschlag Tage/Monat

HEILBRONN FEELING

ZUM EINSTIMMEN & AUSKLINGEN

LESESTOFF & FILMFUTTER

WER AUFGIBT IST TOT

Fernsehfilm über einen Handelsvertreter, der nach einem Unfall in einer Zwischenwelt zwischen Leben und Tod schwebt. Ein Engel erlaubt ihm, die letzten Stunden vor dem Unfall mehrfach zu wiederholen. Klamaukig, anrührend und in Heilbronn gedreht!

FAUSTDICK

Eine Gruppe Arbeitssuchender wird unwissentlich Teil eines Horror-Trashfilms. Unterhaltsame Indie-Komödie mit viel Herz. Gedreht in Heilbronn, uraufgeführt im Autokino während der Coronakrise!

DAS KÄTHCHEN VON HEILBRONN

Ohne das Käthchen geht in Heilbronn wenig, dabei entstammt es allein der Fantasie Heinrich von Kleists. Das Ritterschauspiel von 1807/1808 ist ein deutscher Klassiker. Lektüre für Ambitionierte!

HAWAII

Ein junger türkischstämmiger Fußballer mit geplatztem Profitraum auf der Suche nach Heimat und Identität. Eine atemlose Hommage an Heilbronn und seinen ehemals verrufensten Stadtteil. (Autor: Cihan Acar)

PLAYLIST
TYPISCH HEILBRONN

0:58

JAN JANKEJE – HEILBRONN HAUPTSTADT DER BLUMEN (2019)
Ein musikalisches Geschenk an die Stadt von Jazzmusiker Jan Jankeje zur BUGA 2019.

EUGEN BRUDDLER: BUGA HEILBRONN – ALLES GUT! DER NOCH OFFIZIELLERE BUGA-SONG (2019)
Augenzwinkernd und mit viel Herz präsentiert der schwäbische Mundartkünstler seinen Besuch auf der BUGA 2019.

DIETER HAUSE – MEIN SCHÖNES HEILBRONN (2015)
Die Schlagerperle zum Schunkeln oder für den Roadtrip durch's Heilbronner Land.

VROBZN – HEILBRONNER STIMMEN (2016)
Eine Ode des Hip-Hop-Duos Vrobzn aus Heilbronn an die lokale Tageszeitung Heilbronner Stimme und deren Videoportal STIMME.tv

AB INS NETZ

HEILBRONN.DE
Der offizielle Internetauftritt der Stadt Heilbronn ist sehr umfangreich und gut gepflegt. Du findest alle wichtigen Infos für deinen Aufenthalt, Empfehlungen für Sightseeing, Shopping und Gastronomie sowie einen aktuellen Veranstaltungskalender. *heilbronn.de*

WEINHEIMAT WÜRTTEMBERG
Professioneller Blog rund um die Württemberger Weinkultur. Mit Weinempfehlungen, Winzerporträts, Rezepten und Veranstaltungen. *weinheimat-wuerttemberg.de*

HEILBRONNERLAND
Auf der Seite der Touristikgemeinschaft HeilbronnerLand e. V. findest du Touren, Tipps und alle wesentlichen Infos für einen Ausflug ins Heilbronner Umland. *heilbronnerland.de*

VIEL UNTERWEGS
Katrin Lehr ist Vollzeit-Reisebloggerin und in der Welt zu Hause. Daheim ist sie in Heilbronn! Auf ihrem Blog teilt sie persönliche Tipps und viele, viele Insider-Infos. Unbedingt reinschauen! *viel-unterwegs.de*

TRAVEL PURSUIT

DAS MARCO POLO URLAUBSQUIZ

Hast du verstanden, wie Heilbronn tickt? Teste hier dein Wissen! Es geht um harte Fakten und um die kleinen Dinge, die Heilbronn so besonders machen. Die Lösungen findest du in der Fußzeile und ganz ausführlich auf den Seiten 14–23.

❶ Wie viele Einwohner hat Heilbronn?
a) ca. 153 000
b) ca. 126 000
c) ca. 109 000

❷ „Alles, was man übersieht, ist fruchtbar" – sagte wer über wen?
a) Hesse über seinen Gemüsegarten
b) Hölderlin über das Käthchen
c) Goethe über das Heilbronner Land

❸ Wie wurde Heilbronn während der Industrialisierung bezeichnet?
a) Schwäbisches Liverpool
b) Fränkisches Paris
c) Badisches Moskau

❹ Wie viele Studierende gibt es ungefähr in Heilbronn?
a) ca. 2 000
b) ca. 10 000
c) ca. 45 000

❺ Wie lautet der „Utzname" der Einwohner Böckingens?
a) Zechpreller
b) Seeräuber
c) Einbrecher

❻ Wie heißt die wichtigste Rebsorte im Heilbronner Raum?
a) Riesling
b) Spätburgunder
c) Trollinger

Lösungen: 1b, 2c, 3a, 4b, 5b, 6c